Sieglinde Schwarzer

WER NICHT HÖREN WILL, MUSS FÜHLEN

Jenaer Reporterin Ruth Hirschel
berichtet aus Thüringer Gerichtssälen

Über 100 ausgewählte Fälle
von 1998 bis 2019

KIRCHSCHLAGER

INHALTSVERZEICHNIS

Sieglinde Schwarzer

Kurz vor Ausbruch des zweiten Weltkrieges in Ostpreußen geboren, kam ich 1947 mit meiner Mutter in die Altmark. Ich besuchte die Oberschule, studierte dann am Pädagogischen Institut Mühlhausen und wurde Fachlehrer für Biologie und Chemie.

Nach einem wechselvollen Berufsleben war ich zuletzt in der Erwachsenenbildung tätig. Ich trug mich mit dem Gedanken, über mein Leben ein Buch zu schreiben und meldete mich deshalb im Jahr 1997 für einen Fernkurs bei der Axel-Andersson-Akademie an. Unter den monatlichen Beiträgen, die ich anzufertigen hatte, war auch die Niederschrift einer interessanten Story aus der Studienzeit eines Arbeitskollegen. Es ging um das Jenaer Denkmal für den Universitätsgründer Kurfürst Johann Friedrich I. von Sachsen, genannt »Hanfried«, dessen Schwert im März 1968 über Nacht abhanden gekommen war. Ich bot den Bericht dem Lokalredakteur der Ostthüringer Zeitung an, der ihn unter dem Titel »Raub des Hanfried-Schwertes vor 30 Jahren jetzt aufgeklärt« veröffentlichte.

Mit dem Zeitungsredakteur kam ich überein, Verhandlungen am hiesigen Amtsgericht beizuwohnen und darüber zu schreiben. So wurde ich als »zeithabende« Rentnerin eine freischaffende »Gerichtsreporterin« mit dem Pseudonym *Ruth Hirschel*. Diesen Namen suchte ich mir aus im Gedenken an den Schriftsteller und Journalisten Rudolf Hirsch, der für die Zeitung »Wochenpost« die Gerichtsberichte schrieb.

Inzwischen kann ich auf über zwanzig Jahre Teilnahme an öffentlichen Verhandlungen, vorwiegend am Amtsgericht Jena, manchmal auch Gera und Stadtroda, zurückblicken.

In dem vorliegenden Buch habe ich eine Auswahl meiner Gerichtsberichte getroffen und diese nach Lebens- und Straftatbereichen sortiert.

So geht es im 1. Kapitel um die Wahrheitspflicht bei Zeugenaussagen. Eine unwahre Behauptung unter Eid kann rasch zu Gefängnisaufenthalt führen.

Über Beziehungsprobleme wird im 2. Kapitel berichtet: Da bringt ein 24jähriger Student seine Freundin aus Eifersucht fast um. In einem anderen Fall übergießt eine 56jährige Frau ihren Lebensgefährten mit kochendem Wasser.

Beispiele für sexuellen Mißbrauch von Kindern gibt es im 3. Kapitel.

Sehr berührt haben mich zwei Strafverfahren, über die im 5. Kapitel unter den Titeln »Familientragödie auf dem Bauernhof« und »Martyrium für eine Mutter« berichtet wird, gab es hier doch nicht die geringste Achtung vor den Eltern. Sehr betroffen gemacht hat mich, wie Jugendliche ihr 61jähriges Opfer in der Badewanne malträtierten.

Tragisch ist auch die fahrlässige Tötung in den Berichten »Verhängnisvoller Irrtum im Krankenhaus« und »Tod des Babys durch Nichtbefolgen ärztlichen Rates« im 7. Kapitel.

Durch Fehlverhalten im Straßenverkehr werden ebenfalls Menschenleben in Gefahr gebracht. Dafür gibt es viele Beispiele im 8. Kapitel. Besonders schlimm ist es, wenn ein Autofahrer mit Selbstmordgedanken seinen Pkw in den Gegenverkehr lenkt.

Suchtprobleme sind Gegenstand von einigen Strafverfahren im 9. Kapitel. Da raubte ein Gaunerpärchen mit Gewalt älteren Frauen deren Handtaschen, um sich Geld für den Kauf von Drogen zu beschaffen.

Die Demenz einer Kundin nutzte eine Sparkassenangestellte schamlos aus, um 70.000 Euro auf ihr eigenes Konto zu überweisen. Solche Beispiele für Betrug und Untreue sind im 10. Kapitel dargestellt.

Als letzten Beitrag habe ich in mein Buch einen Bericht über einen Vater aufgenommen, der 500 Euro Bußgeld zahlen mußte, weil seine Tochter den Schulunterricht verweigerte.

In sämtlichen Gerichtsberichten wurden die Klarnamen der Täter, Opfer und Zeugen verfremdet.

Ein interessiertes Lesen wünscht
Sieglinde Schwarzer

Der »Hanfried« in Jena mit Schwert

RAUB DES HANFRIED-SCHWERTES VOR 30 JAHREN JETZT AUFGEKLÄRT

Vor 30 Jahren – Ende März 1968 – stand »Hanfried« zehn Tage lang ohne Schwert auf dem Marktplatz Jenas. Sollte sich der »Klassenfeind« der Waffe bemächtigt haben? Nein, es war ganz anders.

»Feierabend, meine Herren«, verkündete am 24. März 1968 gegen Mitternacht Lore, Bardame im »Café Prag«, ihren letzten Gästen – vier Studenten der Technischen Hochschule Ilmenau, die sich wegen ihrer Diplomarbeit in Jena aufhielten. Benebelt durch etliche »Dominator« beschlossen sie, im noch geöffneten Hotel »Schwarzer Bär« weiter zu trinken.

Als sie torkelnd den Markt überquerten, stand ihnen plötzlich Johann Friedrich »der Großmüthige« im Weg. »Schaut, wie der schwankt, den werde ich stützen!« lallte der »Lange« und kletterte mühsam auf den Sockel der Standfigur. Unter dem anfeuernden Gejohle seiner Kommilitonen versuchte er nun, den »Hanfried« zu erklimmen. Nach mehreren Versuchen saß er dann zum Erstaunen seiner Freunde auf den Schultern des Gründers der Universität Jenas. Doch die Freude über seinen Erfolg währte nicht lange: Schon rutschte er am glatten Mantel des »Churfürsten« ab, prallte gegen das Schwert, riß es mit in die Tiefe und blieb stöhnend auf dem harten Pflaster liegen.

Während zwei seiner Kumpane den Gestürzten aufrichteten, versuchte Hans S. das Schwert unter seiner Jacke zu verstecken. Mühsam schleppten sie sich zum Hotel »Schwarzer Bär«, gefolgt von Lore, die ebenfalls dort an der Bar noch einen Drink nehmen wollte. Die Zecher brachten dann den jammernden »Langen« zum ersten Frühzug nach Erfurt; dort stellte sein Arzt doppelten Beckenbruch fest. In ihr Quartier neben der Kegelhalle zurückgekehrt, versteckten Frowalt und Hans die Beute im Kleiderschrank der Pensionswirtin.

Wieder nüchtern, lasen die »Schwertdiebe« in der Tageszeitung »Volkswacht«: »In der Nacht zum Montag – gegen 1.15 Uhr – wurden vier Männer und eine Frau im Alter zwischen 20 und 30 Jahren auf dem Markt gesehen, die vom »Hanfried«-Denkmal das Schwert entwendeten. – Das Volkspolizeikreisamt bittet die Einwohner um zweckdienliche Angaben: Wer hat die fünf Personen gesehen? Wer kann Angaben über den Verbleib des Schwertes machen? Angaben, die auf Wunsch vertraulich behandelt werden, nimmt das VPKA, Telefonnummer 27162, Abteilung K. entgegen. – Ob »böser« Streich oder Diebstahl, die Täter werden aufgefordert, dem »Hanfried« sein Schwert zurückzubringen.«

Nun war guter Rat teuer. Als reuige Sünder hätten sie mindestens ein Jahr »Bewährung in der sozialistischen Produktion« erwartet. Sie mußten das Corpus delicti unbemerkt loswerden, aber auch sein schnelles Auffinden ermöglichen.

Angeregt durch den Aprilscherz der »Thüringer Neueste Nachrichten«, das Schwert sei im Griesbachgarten gefunden worden, kam Hans S. auf die rettende Idee: Heimlich deponierte er das sorgfältig abgewischte Schwert in den Anlagen der Kinderklinik »Professor Ibrahim« und bestreute es ausgiebig mit Pfeffer, um es einem Polizeihund unmöglich zu machen, seine Spur aufzunehmen.

Tatsächlich fand der rührige Gärtner der Klinik am nächsten Tag das heißgesuchte Schwert. Seitdem ziert es wieder das Jenaer Hanfried-Denkmal.

Anmerkungen zu dieser Story:

Trotz polizeilicher Ermittlungen sind die »Schwertdiebe« nie gefaßt worden. Erst durch das späte Geständnis des Hans S. im Rahmen einer Kaffee-Plauderei erfuhr ich von dieser wahren Begebenheit und schrieb darüber eine Geschichte, die am 14. März 1998 im Lokalteil der Ostthüringer Zeitung veröffentlicht wurde.

1. Kapitel

FALSCHAUSSAGEN

Es wird nirgends soviel gelogen wie vor Gericht«, behauptet der Volksmund. Um der Wahrheit zu ihrem Recht zu verhelfen, hat der Gesetzgeber für Falschaussagen unter Eid harte Strafen bis zu 15 Jahren vorgesehen. Jeder Zeuge wird vor seiner Aussage vom Richter darüber belehrt, die Wahrheit zu sagen; denn es gibt kein Pardon, wenn sich das Gericht belogen fühlt.

Richter am Amtsgericht Dr. Gerhard Litterst-Tiganele ermahnte die Zeugen mit folgenden Worten: »Die Rechtspflege muß funktionieren, dazu brauchen wir wahrheitsgemäße Aussagen«.

Doch nicht alle Zeugen hielten sich an die eingeforderte Wahrheitspflicht und mußten dann oftmals empfindliche Konsequenzen in Kauf nehmen.

So wollte eine junge Frau ihrem Freund mit einer Falschaussage Unannehmlichkeiten ersparen: Er erhielt wegen Nötigung und Verkehrsgefährdung eine Geldstrafe von 400 DM, sie dagegen wegen Meineids eine sechsmonatige Freiheitsstrafe auf Bewährung mit einer Geldauflage von 1.500 DM. *(Lügen haben kurze Beine)*

Eine 47jährige Frau bekam für ihre Falschaussage anderthalb Jahre auf Bewährung. *(Ein Meineid dem Ehemann zuliebe)*

Im nächsten Beitrag gab es für eine unwahre Behauptung aus Gefälligkeit unter Eid eine Freiheitsstrafe von zwei Jahren ohne Bewährung. *(Für einen »Freundschaftsdienst« ins Gefängnis)*

LÜGEN
HABEN KURZE BEINE

ch wollte nur meinem Verlobten helfen, deshalb hatte ich damals nicht die Wahrheit gesagt.« Dieses unter Tränen hervorgebrachte reuevolle Geständnis der Angeklagten bewog das Gericht, bei der Urteilsfindung von der möglichen Milderung des vorgesehenen Strafrahmens Gebrauch zu machen.

Der 24jährigen Anja D. wurde am 20. Januar 1999 in der Verhandlung vor dem Schöffengericht beim Amtsgericht Jena vorgeworfen, am 17. Februar 1998 vor dem Amtsgericht Stadtroda falsch geschworen zu haben.

Was war geschehen? Am 22. März 1997 fuhr der Jenaer Student Henrik H. mit dem Wagen seines Vaters auf der Autobahn A4 in Richtung Hermsdorfer Kreuz, neben ihm seine Freundin Anja. Vor ihm überholte auf der linken Spur ein Pkw zwei andere Fahrzeuge. Als der Autofahrer weiterhin noch auf der linken Fahrbahnseite blieb, fuhr Henrik rechts an ihm vorbei und scherte so kurz wieder nach links ein, daß der andere nur durch Vollbremsung den Zusammenstoß vermeiden konnte. Wegen dieser Nötigung und Straßenverkehrsgefährdung hatte sich Henry vor Gericht zu verantworten.

Anja sagte damals als Zeugin aus, sie habe im Auto ihres Freundes wahrgenommen, daß vor ihnen im Baustellenbereich ein Fahrzeug ohne zu blinken die Spur wechselte und daß deshalb ihr Freund zu einer Vollbremsung gezwungen worden sei, um eine Kollision zu vermeiden.

Dieser Darstellung standen die Schilderungen anderer Augenzeugen entgegen, die weder eine Baustelle gesehen, noch den Spurwechsel eines vorausfahrenden Autos beobachtet haben wollten.

Das Amtsgericht Stadtroda verhängte gegen Henrik eine Geldstrafe von 40 Tagessätzen zu je zehn DM. Anja, die ihn mit ihrer Falschaussage entlasten wollte, erwartete nun vom Schöffengericht beim Amtsgericht Jena eine härtere Strafe.

Der § 154 des Strafgesetzbuches sieht bei Meineid eine Freiheitsstrafe nicht unter einem Jahr vor (Absatz 1). In minder schweren Fällen beträgt die Strafe sechs Monate bis fünf Jahre (Absatz 2).

Auf diesen zweiten Teil des § 154 StGB bezog sich der Vorsitzende Richter Frank Hovemann in der Begründung des Urteils, in welchem eine Freiheitsstrafe von sechs Monaten ausgesprochen wurde, auszusetzen auf eine Bewährungszeit von zwei Jahren. Als Auflage hat Anja 1.500 DM an die Bewährungs- und Straffälligenhilfe Thüringen e.V. zu zahlen.

Mit diesem Urteil bestätigte das Gericht den Antrag der Staatsanwaltschaft. Der Verteidiger dagegen hatte nur für eine Geldstrafe in Höhe von 85 Tagessätzen plädiert. Er vertrat die Auffassung, daß für seine Mandantin der § 157 StGB (Aussagenotstand) angewendet werden könne. Dieser Paragraph räumt eine Strafmilderung ein, wenn die Unwahrheit gesagt wurde, um von einem Angehörigen oder von sich selbst die Gefahr abzuwenden, bestraft zu werden.

Die Aussetzung der Freiheitsstrafe zur Bewährung begründete Richter Hovemann mit einer positiven Sozial- und Kriminalprognose: Die Angeklagte habe Reue gezeigt und sei nicht vorbestraft.

EIN MEINEID
DEM EHEMANN ZULIEBE

Auf einer 4,60 Meter schmalen Straße begegnen sich zwei Pkw »Renault« in einer leicht geschwungenen Kurve und kommen nicht ungeschoren aneinander vorbei. Die Versicherung will nur die Hälfte des Schadens zahlen: Beide Fahrzeuge wären in Bewegung gewesen, die Fahrer hätten eine Teilschuld. Da beschwört die Beifahrerin des Renault 19, ihr Pkw hätte bei der Berührung mit dem Clio schon gestanden. Nun muß sie sich wegen Meineids verantworten.

In der Verhandlung vor dem Schöffengericht beim Amtsgericht Jena legte die Staatsanwaltschaft der 47jährigen Gundula P. zur Last, am 19. Januar 2000 in einem Zivilverfahren am Amtsgericht Stadtroda eine falsche Aussage gemacht und diese unter Eidesformel bekräftigt zu haben.

Das eigentliche Ereignis liegt schon über drei Jahre zurück: Am 16. August 1998 befuhr das Ehepaar P., von Eisenberg her, die Landstraße zwischen Etzdorf und Crossen, als ihnen in einer Kurve ein Pkw entgegen kam. »Mein Mann ist ganz rechts gefahren und hat gebremst. Im selben Moment, in dem unser Auto zum Stillstand kam, krachte es«, hatte die Ehefrau den Vorgang geschildert und war bereit, diese Aussage zu beeiden.

Ein Kfz-Sachverständiger erklärte jedoch in seinem Gutachten, man könne aus der Lage der Kratzspuren des Beschädigungsbildes schlußfolgern, daß beide Pkw in Bewegung waren.

Staatsanwalt Jens Wörmann ging davon aus, daß Gundula P. aus falsch verstandener Solidarität zu ihrem Ehemann den Meineid geleistet habe; denn dieser hatte ein Zivilverfahren angestrengt, um den vollen Kraftfahrzeugschaden ersetzt zu bekommen, und wäre dann wegen Prozeßbetruges belangt worden.

Er forderte eine Freiheitsstrafe von einem Jahr und sechs Monaten, die zur Bewährung ausgesetzt werden könnte, da die Angeklagte nicht vorbestraft sei. Das Gericht schloß sich diesem Antrag an und legte die Bewährungszeit auf drei Jahre fest. Darüber hinaus muß Gundula P. binnen sechs Monaten 6000 DM an eine ambulante Suchtkrankenhilfe zahlen.

FÜR EINEN »FREUNDSCHAFTSDIENST« INS GEFÄNGNIS

Dreh- und Angelpunkt einer dreitägigen Verhandlung im Dezember 1999 beim Schöffengericht im Amtsgericht Jena war die Klärung der Frage: Hat die Geldübergabe stattgefunden oder nicht?

Auf der Anklagebank saßen der 30jährige Privatdetektiv Radolf W. und der 43jährige Handelsvertreter Roland L. Die Staatsanwaltschaft hatte Radolf Betrug vorgeworfen und legte Roland Beihilfe zur Last, indem er falsch geschworen habe.

Radolf gab zwar zu, im März 1996 einen Schuldschein für den erhaltenen Vorschuß von 3.000 DM unterschrieben zu haben, behauptete aber steif und fest, daß er diesen Betrag Herrn G. im Juli 1996 am Baugerüst in der Platanenstraße zurückgegeben hätte; und zwar in Form von drei 1.000-DM-Scheinen.

Dagegen verwahrte sich der geschädigte Herr G. Als Zeuge sagte er vor dem Schöffengericht aus, das Geld nicht erhalten zu haben, schon gar nicht in dem angegebenen Monat; denn vom 6. bis 27. Juli wäre er auf Urlaubstour in Frankreich gewesen.

Durch die Schilderungen des Herrn G. ergab sich folgendes Bild des weiteren Geschehens: Nach zwei außergerichtlichen Mahnungen war es zu einem Rechtsstreit gekommen, den Herr G. zunächst verlor, weil Radolf seinen Kumpel Roland mitbrachte; der beschwor, bei der Geldübergabe dabei gewesen zu sein. Und weil sich Roland dachte, zwei Zeugen sind besser als einer, sprach er seinen Bekannten Steven L. an, der im Sommer 1996 auf dem Baugerüst in der Platanenstraße gearbeitet hatte. Roland ließ Steven eine Bestätigung unterschreiben, daß er die Geldübergabe gesehen habe.

Doch Herr G. gab sich damit nicht zufrieden und legte Widerspruch ein. Während der Berufungsverhandlung am Landgericht in Gera »kippte« die Sache und Steven gab zu, daß er nicht dabei war und folglich auch nichts gesehen habe.

Auch in der jetzigen Verhandlung wiederholte Steven seine letzte Aussage und erklärte, daß er etwas getrunken hatte, als er die Beobachtung der Geldrückgabe schriftlich bestätigte.

Der Staatsanwalt verwies in seinem Plädoyer auf die Widersprüchlichkeit der Aussagen. Er fand es unglaubwürdig, daß Radolf wochenlang drei Tausend-Mark-Scheine in der Hosentasche herum trägt, um sie seinem Gläubiger bei einem zufälligen Treffen ohne Quittung zu übergeben. Er forderte für Radolf eine Freiheitsstrafe von eineinhalb Jahren und für den meineidigen Roland ein Jahr und zehn Monate, da dieser zwei Vorstrafen besaß und zum Zeitpunkt der Tat noch unter Bewährung stand.

Die Verteidiger plädierten für einen Freispruch: in dubio pro reo – im Zweifel für den Angeklagten. Der Richter räumte zwar ein, daß Zweifel da wären, aber sie seien nicht genug begründet. Er sei zu der Überzeugung gelangt, daß die Geldübergabe nicht stattgefunden habe.

Das Gericht fand Radolf W. schuldig des Betrugs in Tateinheit mit Beihilfe zum Meineid und verurteilte ihn zu einer Freiheitsstrafe von einem Jahr und vier Monaten, auszusetzen für zwei Jahre zur Bewährung, mit einer Geldauflage von 4.000 DM.

Roland L. erhielt wegen Meineids in Tateinheit mit Beihilfe zum Betrug zwei Jahre ohne Bewährung – er mußte für seinen »Freundschaftsdienst« ins Gefängnis.

2. Kapitel

BEZIEHUNGSPROBLEME

Wurde im ersten Kapitel über Straftaten zuliebe eines anderen berichtet, geht es nun um den Kampf der Geschlechter. Rosenkrieg ist nicht nur der historische Begriff für den englischen Thronfolgestreit im 15. Jahrhundert oder der Titel eines bekannten Hollywoodfilms, sondern auch die Bezeichnung für einen heftigen Scheidungs- oder Trennungskonflikt zwischen Eheleuten, weiß das Lexikon zu berichten.

Auch im Amtsgericht Jena gab es diesbezüglich Strafverfahren und Berichte in der Zeitung. *(Rosenkrieg endete vor Gericht)*

Oft sind es Männer, die in einer Beziehung gewalttätig werden, meistens aus Eifersucht. *(Thailändische Ehefrau geschlagen)*, *(Aus Eifersucht zum Angeklagten geworden)*, *(Mit blauem Auge davon gekommen)*, *(Aus Eifersucht Lebensgefährtin fast umgebracht)*, *(Ehefrau an den Haaren durch die Wohnung gezerrt)*

Vielmals werden die Straftaten im alkoholisierten Zustand begangen. *(Mit dem Messer auf die Freundin eingestochen)*, *(Nach Streit auf linkem Auge blind)*

Nicht nur junge, auch ältere Missetäter mußten sich vor Gericht verantworten. *(Rentner rastet aus wegen vermuteten Ehebruchs)*

Seltener übten Frauen in einer Beziehung Gewalttaten aus, dann aber heftig. *(Lebensgefährten mit kochendem Wasser begossen)*

ROSENKRIEG
ENDETE VOR GERICHT

Die Anklage hörte sich an wie ein Horrorszenarium: Da soll Volkmar K. Ende 1996 seine Ehefrau Corinna im Keller des Hauses an einen Stuhl gefesselt und ihr mit einem Ladegerät Stromstöße versetzt haben. Im Juni 2004, die Ehe war längst geschieden, habe er seiner Ex-Frau aufgelauert. Es sei zu einer Auseinandersetzung gekommen, bei der Volkmar ihr den Daumen verdrehte, so daß sie sechs Wochen arbeitsunfähig geschrieben wurde. Im dritten Fall klingelte er bei ihr und als Corinna die geöffnete Tür rasch wieder schließen wollte, stemmte er sich dagegen; sie wurde an die Wand gepreßt und trug Schürfwunden davon. Im April 2005 soll Volkmar vor dem Haus seiner Ehemaligen gewartet haben. Nachdem diese in der Garage eingeparkt hatte, sei es zu Tätlichkeiten gekommen, wobei er sie mit den Schuhen trat und ihr mehrere größere Hämatome zufügte. Letztendlich habe Volkmar in der Nacht vom 25. zum 26. Mai 2006 wieder an der Haustür seiner Ex geklingelt und sie in eine Rangelei verwickelt. Dabei sei ihr T-Shirt hoch gerutscht. Er habe sein Feuerzeug angezündet und es unter ihre rechte Brustwarze gehalten. Corinna sei dann mit der verursachten Verbrennung zum Arzt gegangen.

Der 45jährige Angeklagte bestritt die ihm zur Last gelegten Handlungen; somit stand Aussage gegen Aussage. Um eine langwierige Beweisaufnahme über mehrere Verhandlungstage zu vermeiden, führte der Richter mit den prozeßbeteiligten Juristen ein Rechtsgespräch. Als Ergebnis dieser Unterredung sei eine elegante Lösung entstanden und der Rechtsfrieden wieder hergestellt, verkündete der Richter;

das Verfahren werde mit einer Geldauflage von 2.000 Euro, zahlbar an die Anzeigenerstatterin, eingestellt. Dieser Betrag werde von der Kaution, die Volkmar K. nach seiner Inhaftierung entrichtet hatte und die er nun zurück erhält, abgezogen.

THAILÄNDISCHE EHEFRAU GESCHLAGEN

Mit aufbrausenden Zwischenrufen und abfälligen Bemerkungen störte Fabian H. mehrmals die Verhandlung im Amtsgericht Jena, so daß Richterin Wilma Göritz ihn des Öfteren zur Ruhe ermahnen mußte. Als ihm dann am Ende der Beweisaufnahme das letzte Wort erteilt wurde, äußerte er mit böser Miene: »Es war mein größter Fehler, diese Frau zu heiraten. Ich hätte ihr schon nach der ersten Ohrfeige, als ich von ihrer Prostitution erfuhr, den Laufpaß geben sollen.«

Der 42jährige Angeklagte hatte sich wegen Körperverletzung, begangen am Abend des 30. Juni sowie am Morgen des 1. Juli 2005, zu verantworten. Er soll, so der Tatvorwurf, in seiner Wohnung in der Saalstraße, die er zusammen mit seiner Mutter teilte, seine thailändische Ehefrau geschlagen und getreten haben, so daß diese mit Schürfwunden an der Schulter und Hämatomen am gesamten Körper in die Klinik kam und wegen Verdachtes auf ein Schädelhirntrauma stationär behandelt wurde.

Die kleine zierliche Ehefrau, jetzt von ihm getrennt lebend, gab mit Tränen in den Augen einen emotionalen Bericht: Nach der Heirat im Jahr 2003 besaßen sie keine eigene Wohnung, sie mußten mit seiner Mutter zu dritt leben.

Dadurch gab es häufig Streit. So war es auch an jenem Abend, als sie von der Arbeit in einem China-Restaurant heimkehrte. Ihr Mann war beim Packen der Kartons für den Umzug. Sie sagte zu ihm: »Ich helfe dir gleich, möchte aber erst etwas essen.« Sie schälte sich Obst. Seine Mutter kam hinzu und meckerte über ihre Faulheit. Der Streit eskalierte, sie wurde von beiden geschlagen und durch die Wohnung getrieben. Ihr Mann zog den Gürtel aus seiner Hose und verprügelte sie damit. Sie wehrte sich zuerst mit dem Obstmesser, und als ihr das entwendet wurde, mit einer kleinen Gabel.

Durch das gemeinsame Traktieren der Ehefrau wurde die Straftat als gefährliche Körperverletzung eingestuft. Fabian H. erhielt eine Freiheitsstrafe von neun Monaten, ausgesetzt auf zwei Jahre zur Bewährung, und hat als Auflage 200 Stunden gemeinnützige Arbeit zu leisten.

AUS EIFERSUCHT ZUM ANGEKLAGTEN GEWORDEN

Der 8. März: Ehrentag der Frauen, an dem sie Blumen bekommen und verwöhnt werden. 8. März 2006, zwei Uhr nachts im Studentenclub »Rosenkeller«: statt einer netten Aufmerksamkeit – brutale Gewalt, ausgeübt von Adrian B., weil er seine Exfreundin in den Armen eines anderen sah.

Nun saß der 26jährige Angeklagte, Diplomkaufmann und jetziger Jurastudent, im Amtsgericht Jena auf der Anklagebank.

Die Staatsanwaltschaft hatte ihm versuchte gefährliche Körperverletzung zur Last gelegt, die gemäß § 224 StGB nur mit Freiheitsstrafe zu ahnden ist. Adrian B. habe, so die An-

klage, eine Bierflasche in Richtung des Begleiters seiner Exfreundin geworfen und diesen an der linken Gesichtshälfte
getroffen. Dann habe er die Studentin an den Haaren gepackt und sie zu Boden gezogen.

Adrian B. wiegelte ab: Er habe Alice mit ihrem neuen Lo-
ver in einer Nische stehen sehen. »Sie küßte ihn und schaute mich dabei an.« Durch ihre Blicke habe er sich emotional
provozieren lassen. Er wollte sie mit Bier bespritzen, dabei
sei ihm die Flasche aus der Hand gerutscht und habe den
Begleiter getroffen. Alice sei einen Schritt auf ihn zugegan-
gen und umgeknickt. Er wollte ihr aufhelfen und habe nach
dem Kragen gegriffen, dabei habe er sie wohl versehentlich
an den Haaren gezogen.

Die Geschädigte schilderte: »Er hat mich an meinem Zopf
herunter gezogen und mich am Boden entlang geschleift.
Das ist äußerst schmerzhaft gewesen.«

Ihr Begleiter erinnert sich: »Von der linken Seite kam
eine Bierflasche geflogen, sie traf mich an Kopf und Schulter. Ich war kurz benommen; sah dann meine Freundin am
Boden liegen.«

Richter Dr. Litterst-Tiganele führte mit den prozeßbeteiligten Juristen ein Rechtsgespräch. Danach wurde der Teil
des Verfahrens, der die versuchte gefährliche Körperverletzung zum Nachteil des Begleiters der Exfreundin beinhalte-
te, gemäß § 154(2) StPO im Hinblick auf den Rest der Anklage eingestellt. So erhielt der bisher nicht vorbelastete
Angeklagte wegen einfacher Körperverletzung eine Geldstrafe von 40 Tagessätzen a 20 Euro.

MIT BLAUEM AUGE DAVON
GEKOMMEN

Was passiert ist, tut mir unendlich leid«, schluchzt Hermann S. Seine Reue wirkt echt. Doch damit kann er den gewalttätigen Wutausbruch vom 2. Dezember 2001 nicht ungeschehen machen.

In der Verhandlung des Schöffengerichts beim Amtsgericht Jena am 10. April 2002 werden ihm gefährliche Körperverletzung und Bedrohung zur Last gelegt.

Der 49jährige Angeklagte erläutert die Vorgeschichte seiner Tat: »Meine Frau wollte sich Anfang August von mir trennen, wegen meiner Alkoholprobleme. Da bin ich in eine 1-Raum-Wohnung gezogen und habe mich zur Entgiftung angemeldet. Sie hat mich im Therapiezentrum besucht und mir Hoffnung gemacht, daß es wieder mit uns gehen würde. Als ich sie Ende November anrief, daß ich zu ihr nach Jena zurückkomme, sagte sie, sie hätte einen anderen. Da ist eine Welt für mich zusammengebrochen.«

Hermann berichtet weiter: Er habe ein großes Küchenmesser mitgenommen und bei seiner Frau geklingelt. Weil es ziemlich lange dauerte, bis sie herunter kam, um die Haustür zu öffnen, fragte er sie, ob sie sich erst anziehen mußte, und stellte sich vor, daß sie mit dem anderen noch im Bett gelegen hätte. »Da bin ich ausgerastet, habe ihr eine Ohrfeige gegeben und mit dem Messer wahllos zugestochen.«

Der Verteidiger spricht von einem seelischen Notstand seines Mandanten; er habe seiner Frau nicht ernsthaft schaden wollen.

Dennoch waren die Verletzungen nicht unerheblich: »Zwei Schnittwunden unterhalb der Brust mußten genäht werden«, berichtet die Geschädigte. Sie sei mit weiteren Kratzern an den Beinen, einer zerbrochenen Brille und einem blauen Auge davon gekommen, weil auf ihr Schreien der große Sohn zu Hilfe kam.

Das Gericht berücksichtigt die psychische Ausnahmesituation bei Hermann, es verhängt eine neunmonatige Strafe auf Bewährung. So kommt auch der Angeklagte mit einem blauen Auge davon.

AUS EIFERSUCHT
LEBENSGEFÄHRTIN FAST UMGEBRACHT

Die Tat tut mir leid, ich kann sie heute nicht mehr nachvollziehen.« Mit diesen Worten begann der 24jährige Student Falk H. die Schilderung eines Eifersuchtsdramas, das ihn am 26. Januar 2000 in der Verhandlung des Schöffengerichts beim Amtsgericht Jena den Vorwurf der schweren Körperverletzung einbrachte.

Die Zuhörer sahen sich während des detailgetreuen Berichts des Angeklagten wie in einen Actionkrimi versetzt: Da geht eine achtjährige Beziehung in die Brüche. Nadja, für Falk die erste sexuelle Partnerin, gesteht ein Verhältnis zu einem anderen.

Falk versteht die Welt nicht mehr: »Ich war total aufgelöst, habe die ganze Nacht nicht geschlafen, mich mit Selbstmordgedanken getragen.« Er fühlt sich gedemütigt und beschließt, seinen Suizid so zu arrangieren, daß ihn die Freundin als erste findet.

Doch am nächsten Tag, dem 21. Januar 1999, will Nadja die gemeinsame Wohnung am Spitzweidenweg verlassen. Da kommt ihm die Idee, sie bewußtlos zu schlagen: Er nimmt sich den Stativfuß des Mikrofons, nähert sich von hinten der Freundin, die gerade auf allen Vieren die Küche wischt, und versetzt ihr einen Schlag auf den Hinterkopf.

Doch Nadja bricht nicht, wie von ihm erwartet, ohnmächtig zusammen. Sie dreht sich um – und schreit. Da schlägt er nochmals zu. Sie setzt zur Gegenwehr an – nun gerät er in Panik. Es tobt ein Kampf und eine Hetzjagd durch die gesamte Wohnung bis hin zur verschlossenen Korridortür.

Falk ist von seinem Vorhaben so besessen, daß er versucht, Nadja zu würgen. Blutüberströmt und entkräftet fleht sie ihn an, aufzuhören. »Als ich in ihr entsetztes Gesicht sah, wurde mir auf einmal bewußt, was ich da anrichtete.«

Falk läßt von seiner Freundin ab, legt sie auf die Couch und will den Notarzt anrufen, doch seine zitternden Hände versagen den Dienst.

Da nimmt sie das Handy und wählt die Nummer des Rettungsdienstes. »Beeilt euch, sonst verblutet sie!« schreit er ins Telefon; dann hilft er ihr beim Verlassen der Wohnung.

Nun saß Falk auf der Anklagebank wie ein Häufchen Unglück; bleich und sichtlich mitgenommen. Für die Mißhandlung seiner Freundin muß er in einem angehängten Zivilverfahren 7.500 DM Schmerzensgeld bezahlen: Nadja hatte neun Platzwunden am Kopf, Würgemale am Hals und blaue Flecken an den Armen. Seit der Tat hat sie Kopfschmerzen, Schlafstörungen und Angst, alleine zu Hause zu bleiben. Auch ihren Berufswunsch kann sie sich nicht erfüllen. Wegen möglicher Folgen durch Verletzungen hat sie die Einstellungsuntersuchung bei der Polizei nicht bestanden.

Im Strafverfahren forderte Staatsanwalt Jens Wörmann für den Angeklagten eine Freiheitsstrafe von zwanzig Monaten, da laut Gutachten des Sachverständigen eine tiefgreifende Bewußtseinsstörung vorlag und eine Tat im Affekt nicht auszuschließen sei. Ein Kriterium für die beantragte Strafaussetzung zur Bewährung sei auch die Anwendung des Paragraphen 56 (2) StGB, da hier das Bemühen des Täters, den verursachten Schaden wieder gutzumachen, zu berücksichtigen sei.

Der Verteidiger plädierte für eine Kurzzeitstrafe von drei Monaten, um seinem Mandanten nicht die Zukunft zu verbauen.

Das Gericht mit dem Vorsitzenden Richter Frank Hovemann verurteilte den Angeklagten zu einer Freiheitsstrafe von einem Jahr und vier Monaten, die für zwei Jahre zur Bewährung ausgesetzt werden kann, da es sich bei der Tat des Angeklagten um eine einmalige Fehlreaktion gehandelt habe, um ein Momentversagen in einer seelischen Notsituation.

Als Bewährungsauflage hat Falk H. binnen sechs Monaten 200 Stunden gemeinnützige Arbeit im medizinisch-pflegerischen Bereich zu leisten.

EHEFRAU AN DEN HAAREN
DURCH DIE WOHNUNG GEZERRT

Anfang 2007 stand fest, daß wir uns trennen werden. Seitdem hatte ich eine sehr schwere Zeit als Vater.« Mit diesen Worten begann Adrian H. seine Stellungnahme zu den Tatvorwürfen der Körperverletzung und Bedrohung.

In einem Verfahren beim Amtsgericht Jena im Mai 2009 legte die Staatsanwaltschaft dem 40jährigen Physiker zur Last, am 18. Juni 2008 seine Ehefrau gegen die Wand des Flures gedrückt und sie gewürgt zu haben. Dann zerrte er sie an den Haaren. Mit den Worten »Ich schlage dich tot« habe er ihr Schläge ins Gesicht gegeben.

Der Angeklagte bestritt den größten Teil der ihm vorgeworfenen Handlungen; er gab nur zu, sie an den Haaren gezogen zu haben. Anlaß war der Streit um das morgendliche Fertigmachen der beiden Kinder. Dieses Recht hatte er für sich festgelegt; seine Noch-Ehefrau sollte am Nachmittag die Sprößlinge betreuen.

Seine inzwischen von ihm geschiedene Frau schilderte dem Gericht die Vorgänge am Morgen des 18. Juni: Ihr Mann sei erst halb sieben von seiner Freundin gekommen. Da die Kinder aber schon um sechs Uhr wach waren, habe sie nicht so lange warten wollen und schon mit dem Zurechtmachen begonnen. Sie sei beim Frisieren der Tochter gewesen, als Adrian eintraf. Es kam zum Streit. Sie habe mit der Tochter auf dem Arm das Bad verlassen wollen, da habe er sie am Pullover festgehalten und sie an den Haaren gezogen. Sie sei dadurch gegen die Wand geflogen. Dann habe er sie gegen den Fußboden gedrückt und sie an den Haaren durch den Flur bis zur Wohnungstür gezerrt. Er habe sich auf sie gekniet, sie geohrfeigt und gebrüllt, daß er sie totschlage. Erst als der kleine Sohn aus der Küche kam, habe er von ihr abgelassen.

Der Angeklagte entschuldigte sich bei der Geschädigten.

Im Einvernehmen mit den Prozeßbeteiligten beschloß Richterin Elke Maaß die Einstellung des Verfahrens gegen den Angeklagten nach § 153 a StPO mit einer Geldauflage von 1.500 Euro, zu zahlen an die Geschädigte binnen sechs Monaten.

MIT DEM MESSER AUF DIE FREUNDIN EINGESTOCHEN

Ich wollte das nicht; es war der verdammte Alkohol«, bedauerte Andy V. das Ausrasten gegenüber seiner Freundin Sandra. Und zerknirscht fügte er hinzu: »Ich war ganz entsetzt, als ich sie da blutend liegen sah.«

Der 28jährige, aus Hermsdorf stammende Angeklagte hatte sich im Amtsgericht Jena wegen vorsätzlicher und gefährlicher Körperverletzung zu verantworten. Die Staatsanwaltschaft legte Andy V. zur Last, am 27. Oktober 2007 gegen zwei Uhr im Schlafzimmer seiner Wohnung Sandra mit der Faust in den Bauch geboxt und sie gewürgt zu haben, indem er ihr seinen Unterarm gegen den Hals drückte. Dann sei er in die Küche gegangen, habe ein großes Messer geholt und ihr damit in der Brustgegend eine drei Zentimeter tiefe und vier Zentimeter lange Wunde zugefügt, so daß sie mit dieser Verletzung in die Klinik eingeliefert werden mußte.

Die Geschädigte schilderte die Geschehnisse dieser Nacht: Beide hätten im Laufe des Abends schon Alkohol getrunken und Streit miteinander gehabt. Andy sei sehr eifersüchtig und als dann noch ein guter Bekannter von ihr ziemlich spät anrief, wäre er völlig ausgerastet. Nach dem Messerstich habe sie einen Schock bekommen und zirka fünf Minuten gebraucht, um ihm klar zu machen, daß er einen Rettungswagen rufen müßte. Er habe sich um sie gekümmert und ihr einen Verband angelegt. Im Krankenhaus sei die Wunde dann genäht worden.

Ein Facharzt als Sachverständiger kam in seinem Gutachten zu dem Schluß, es könne bei Andy V. zu ähnlichen Straftaten kommen, wenn der Hang zum Alkohol nicht behandelt werde.

Das Gericht ordnete auf Antrag der Staatsanwältin die Unterbringung in einer Entziehungsanstalt an. Zudem verhängte es gegen den Angeklagten eine Freiheitsstrafe von einem Jahr und neun Monaten. Das Urteil ist rechtskräftig.

NACH STREIT
AUF LINKEM AUGE BLIND

Mit langen zottigen Haaren und voller Tätowierungen auf Gesicht, Hals und Händen erschien Jürgen B. im Gerichtssaal wie ein Wesen aus einer anderen Welt.

Vollzugsbeamte brachten den 36jährigen Angeklagten aus der JVA am 9. März 2005 in Handschellen zur Verhandlung des Schöffengerichts beim Amtsgericht Jena. In Haft sitzt Jürgen seit dem verhängnisvollen Partnerschaftsstreit vom 30. September vorigen Jahres, bei dem seine Lebensgefährtin auf dem linken Auge erblindete.

Laut Anklageschrift begann die Auseinandersetzung damit, daß sich Jürgens Partnerin weigerte, Bier zu holen. Er schlug sie mit einer Krücke auf Kopf, Brust und Bauch, bis diese zerbrach. Dann fügte er ihr mit seinem Butterflymesser Schnittverletzungen im Gesicht zu. Dabei wurde der Glaskörper des linken Auges in Mitleidenschaft gezogen, in dessen Folge Gisela P. auf diesem Auge die Sehfähigkeit verlor.

Die Staatsanwaltschaft legte Jürgen schwere Körperverletzung zur Last, begangen in alkoholisiertem Zustand, denn zwei Stunden nach der Tat wurden bei ihm noch 2,16 Promille gemessen.

Der Vorsitzende Richter Frank Hovemann führte zu Beginn der Verhandlung mit dem Staatsanwalt und dem Verteidiger eine Verfahrensabsprache mit dem Ergebnis, daß bei geständiger Einlassung des Angeklagten eine Strafobergrenze von zwei Jahren zugesichert wird. Damit sollte auf die Einvernahme von Zeugen und auf die Anhörung der Sachverständigen verzichtet werden können, auch bräuchten die grausamen Fotos nicht in die Verhandlung eingeführt werden, begründete der Richter.

Der Verteidiger erklärte daraufhin, die Anklagepunkte würden vollumfänglich eingeräumt. Jürgen B. bedauerte seine Tat: »Es tut mir leid, ich will mich bessern.«

Das Gericht verurteilte den Angeklagten zu einer Freiheitsstrafe von zwei Jahren – ohne Bewährung, da Jürgen B. wegen seiner einschlägigen Vorstrafen keine positive Kriminalprognose gestellt werden könne.

RENTNER RASTET AUS
WEGEN VERMUTETEN EHEBRUCHS

Die Eskalation seiner Eheprobleme führte Heinz G. just an seinem 69. Geburtstag auf die Anklagebank. In der Verhandlung vor dem Schöffengericht beim Amtsgericht Jena am 14. Juli 2004 legte ihm die Staatsanwaltschaft gleich sieben Straftaten zur Last: Er habe, nachdem er seine Ehefrau in Verdacht hatte, ihn mit einem anderen Mann zu betrügen, diese am 8. September 2003 krankenhausreif geschlagen. Dabei versetzte er seiner Frau mehrere Faustschläge ins Gesicht sowie gegen den Oberkörper und würgte sie am Hals. Dann trank er reichlich Alkohol, – der spätere Blutalkoholwert betrug 1,94 Promille, – setzte sich in seinen nicht mehr zugelassenen Pkw und fuhr zu einer Gartenlaube im Mühltal. Er vermutete, daß die Laube das Liebesnest seiner untreuen Gattin sei. Dort schlug er ein Fenster ein, goß aus einem mitgebrachten Kanister Benzin in die Hütte und legte Feuer.

Von einem Zeugen beobachtet und zur Rede gestellt, bedrohte er diesen mit einer Pistole und schrie, daß er ihn abknallen würde. Als die Polizei ihn festnehmen wollte, widersetzte er sich den Beamten und schlug wild um sich.

Der brennende Bungalow – er gehörte nicht dem Nebenbuhler – konnte von Parzellennachbarn gelöscht werden. Ob der Verdacht, das sei die Liebeslaube, überhaupt stimmte, wurde nicht geklärt.

Das Gericht hielt den Angeklagten für schuldig der vorsätzlichen Körperverletzung und schweren Brandstiftung, des Fahrens unter Alkoholeinwirkung und mit einem nicht mehr pflichtversicherten Pkw, des unerlaubten Mitführens einer Schußwaffe und der Bedrohung einer Person sowie des Widerstandes gegen Vollstreckungsbeamte. Es verurteilte ihn zu einer Bewährungsstrafe von 22 Monaten und beschloß eine Sperrfrist von 18 Monaten für die zu entziehende Fahrerlaubnis. Heinz G. hat zudem 300 Euro an das Jenaer Frauenhaus e.V. zu zahlen.

LEBENSGEFÄHRTEN MIT KOCHENDEM WASSER BEGOSSEN

Beziehungsdrama am Karfreitag 2006 in der Leipziger Straße in Jena: Mit Verbrennungen zweiten Grades wird Martin E. vom Rettungsdienst ins Krankenhaus gebracht und kommt dann auf die Intensivstation einer Spezialklinik. Die Ärzte der plastischen Chirurgie führen Hauttransplantationen durch und schicken Martin anschließend zur mehrwöchigen Rehabilitation. Dennoch bleibt ein Narbenfeld zurück. Dieses ist nun Gegenstand der Beweisaufnahme im Strafverfahren gegen Hella P.

Der 56jährigen Angeklagten wird zu Beginn der sechstägigen Verhandlung vor dem Schöffengericht beim Amtsgericht Jena zur Last gelegt, am 14. April 2006 ihren damaligen Lebensgefährten mehrfach mit kochendem Wasser übergossen zu haben.

»Es war nur einmal und es war ein Unfall – ich bin mit dem Wasserkocher ausgerutscht«, schluchzt Hella mit tränenerstickter Stimme.

Den Vorsitzenden Richter Frank Hovemann beeindruckt die weinende Angeklagte kaum. Er läßt den medizinischen Sachverständigen Dr. Sascha Rommeiß gleich im Gerichtssaal die Narben am Körper des Opfers begutachten. Der

Arzt vom Institut für Rechtsmedizin stellt fest, daß sowohl im Rückenbereich als auch am Oberarm und in der Brustkorbregion Narbenfelder sichtbar sind.

Da zwischen diesen Bereichen keine Narbenverbindungen bestehen, könne es sich schwerlich um einen einzigen Wasserguß gehandelt haben, schlußfolgert der Richter. Somit sei die Darstellung des ehemaligen Lebensgefährten der Angeklagten glaubhafter. Dieser hatte ganz ruhig und sachlich über die nun schon vier Jahre zurückliegenden Vorfälle berichtet:

Er sei damals Alkoholiker gewesen. Auch am Karfreitag hätte er schon mindestens eine Flasche Braunen intus gehabt und sich aufs Bett gelegt. Plötzlich sei er durch eine Wasserdusche wach geworden.

Als er sich schlaftrunken aufrichtete und auf die Bettkante setzte, sei ihm die ausgehängte Schlafzimmertür entgegen gekippt. Er konnte ihr gerade noch ausweichen. Dann erfolgte der zweite Guß kochenden Wassers über den Kopf und die linke Seite. Er sei zur Nachbarin gelaufen und habe sie gebeten, die Polizei zu verständigen.

Das bestätigt nun die 80jährige Zeugin vor Gericht und schildert ihre damaligen Eindrücke: »Er sah schlimm aus; sein Gesicht war dick und verquollen; ein Auge hing runter.« Die eintreffenden Polizisten hätten dann die Rettungsleitstelle angerufen.

Einer der beiden Beamten berichtet über den Einsatz: Wir haben den Verletzten zum Krankenwagen gebracht. Inzwischen hatte die Frau die Haustür verschlossen und ließ uns nicht mehr in die Wohnung. Sie schrie aus dem Fenster, daß sie die »Bullen« nicht rein lasse. Ein Atemalkoholtest wäre deshalb nicht möglich gewesen.

An all das kann sich die Angeklagte kaum noch erinnern. »Ich hatte zeitweise einen Black out«, erklärt sie ihre Gedächtnislücken. Den anderen Vorwurf, sie hätte ein Jahr zuvor ihrem Lebensgefährten ein Küchenmesser in den Bauch gerammt, bestreitet sie völlig.

Das Gericht hat keine Zweifel an der Glaubwürdigkeit der Aussagen des Geschädigten. Es verurteilt die Angeklagte wegen gefährlicher Körperverletzung in zwei Fällen zu einer Gesamtstrafe von drei Jahren und vier Monaten, die Hella P. nun absitzen muß.

3. Kapitel

SEXUELLER MISSBRAUCH

Straftaten gegen die sexuelle Selbstbestimmung« hat der Gesetzgeber den dreizehnten Abschnitt im besonderen Teil des Strafgesetzbuches (StGB) benannt. Er umfaßt die Paragraphen 174 bis 184, vom sexuellen Mißbrauch von Schutzbefohlenen, Kindern und Jugendlichen über Vergewaltigung, Zuhälterei, exhibitionistischen Handlungen bis hin zur Verbreitung pornographischer Schriften.

Auch im Amtsgericht Jena gab es diesbezüglich Verurteilungen. So erhielt ein 67jähriger Rentner eine Gefängnisstrafe von drei Jahren wegen des sexuellen Mißbrauchs von Kindern. *(Siebenjährige in der Wohnung befummelt)*

Zweieinhalb Jahre Gefängnis bekam ein 36jähriger Mann. *(Elfjährige Tochter sexuell mißbraucht)*

Sexueller Mißbrauch von Schutzbefohlenen wurde gegen einen 39jährigen Betreuer mit zweijähriger Bewährungsstrafe geahndet. *(Gruppenbetreuer mißbraucht zwölfjähriges Mädchen)*

Ebenfalls eine Freiheitsstrafe von zwei Jahren, ausgesetzt zur Bewährung, bekam ein 25jähriger wegen Vergewaltigung seiner Freundin. *(Beischlaf trotz Gegenwehr)*

45

Weil er den Beischlaf mit seiner Frau erzwungen habe, verurteilte das Gericht den Ehemann zu einer zweijährigen Bewährungsstrafe. *(Vergewaltigung in der Ehe vor Gericht)*

Ein Student wird nach vier Jahren durch einen DNS-Abgleich überführt. *(DNS-Spur führt zum Täter)*

Vier Jahre Jugendstrafe wurden gegen einen 19jährigen verhängt. *(Jugendlicher vergewaltigt 78jährige Frau)*

Zwölf Monate auf Bewährung war das Strafmaß für einen Geschäftsmann. *(Nötigung zu sexuellen Handlungen)*

Ein Exhibitionist muß sich während seiner Bewährungszeit in eine Heilbehandlung begeben. *(Entblößer belästigt Frauen)*

Nicht mehr zur Bewährung ausgesetzt wurde eine sechsmonatige Freiheitsstrafe gegen einen 27jährigen Mann. *(Exhibitionist belästigt junge Frauen)*

SIEBENJÄHRIGE
IN DER WOHNUNG BEFUMMELT

Vier Verhandlungstage im April und Mai 2007 brauchte das Jugendschöffengericht beim Amtsgericht Jena im Prozeß gegen einen 67jährigen Rentner, dem die Staatsanwaltschaft schweren sexuellen Mißbrauch von Kindern und versuchte Nötigung zur Last legte. Laut Anklage habe Karl K. im März 2006 die damals siebenjährige Jenny in seine Wohnung gelockt. Dort habe er das Mädchen aufgefordert, sich auszuziehen, küßte es auf den äußeren Scheidenbereich und führte einen Finger ein. Als das Kind weinte, sei Karl K. in die Küche gegangen und habe sich mit einer öligen Substanz eingerieben, damit es nicht mehr so weh tat. Mit der Androhung, sie müßte sonst ins Heim, habe er Jenny eingeschärft, niemandem etwas zu erzählen.

Der Angeklagte bestritt den Tatvorwurf: Die Kleine sei über den Zaun geklettert und in einer Pfütze gelandet. Er habe sie mit in die Wohnung genommen, ihre nasse Strumpfhose über die Heizung gelegt und ihr heiße Milch angeboten. Mehr sei nicht gewesen. Später hätte sie ihn mit ihrer Zwillingsschwester nochmals besucht.

Die beiden Mädchen erzählten zunächst ihrer älteren Schwester, was sich in der Wohnung des Rentners zugetragen hatte. Diese berichtete später alles der Mutter. Entsetzt darüber, daß eines der Zwillinge von Karl K. sexuell mißbraucht worden war, ging die Mutter mit Jenny zur Frauenärztin und erstattete Anzeige bei der Polizei. Die Medizinerin stellte bei der gynäkologischen Untersuchung Kratzspuren sowie eine Aufdehnung und Rötung am Scheidenbereich fest. Ein psychologischer Sachverständiger wurde eingeschaltet. Aus seinem Gutachten ging hervor: Das Mädchen kann sich das Geschehen auf keinen Fall ausgedacht haben, sondern gibt Erlebtes wieder, und zwar in glaubhafter Darstellung.

Das Gericht verurteilte den Angeklagten Karl K. zu drei Jahren Gefängnis. Der Vorsitzende Richter Detlef Kleßen bezog sich in der Urteilsbegründung nicht nur auf die Gutachterergebnisse, sondern auch auf die gerichtliche Vernehmung der nun achtjährigen Jenny, die den Angeklagten eindeutig und glaubhaft als Täter identifizierte.

ELFJÄHRIGE TOCHTER SEXUELL MISSBRAUCHT

Ja, ich gebe es zu. Als sie bei uns auf Besuch war, bin ich nachts in ihr Zimmer geschlichen und habe ihr die Höschen herunter gezogen«, bestätigte Joachim H. den Tatvorwurf des sexuellen Mißbrauchs der elfjährigen Steffi. Er ersparte so seiner leiblichen Tochter das Erscheinen zur Gerichtsverhandlung beim Jenaer Amtsgericht am 4. Oktober 2001.

Die Staatsanwaltschaft hatte dem 36jährigen Kraftfahrer aus Schöngleina zur Last gelegt, in der Zeit von Januar bis April dieses Jahres viermal sexuelle Handlungen an einem Kind vorgenommen zu haben. Der Angeklagte habe seine Tochter ins Wohnzimmer getragen, sie dort ausgezogen und sein Glied solange an ihrer Scheide gerieben, bis es bei ihm zum Samenerguß gekommen sei. Auch habe er Steffi in ihrem Schlafzimmer im Doppelstockbett mißbraucht, in dessen oberen Teil seine andere Tochter schlief.

Joachim H. berichtet über seine persönlichen Verhältnisse: Im Dezember 1988 lernte er seine jetzige Frau kennen. Im Januar/ Februar 1989 hatte er Geschlechtsverkehr mit deren 14jähriger Tochter Sarah, die von ihm schwanger wurde. Im Oktober 1989 kam dann Steffi zur Welt. Sarah erhielt das alleinige Sorgerecht für Steffi, zog weg und heiratete. Im Januar 2001 kam die jetzt elfjährige Steffi das erste Mal zu Besuch – zu ihrer Oma, die nun mit ihrem Vater (Erzeuger) verheiratet war. Hier kam es dann zu den genannten Straftaten.

Der Staatsanwalt forderte 17 Monate Gefängnis, der Verteidiger plädierte für eine Bewährungsstrafe. Das Jugendschöffengericht mit dem Vorsitzenden Richter Detlef Kleßen ging über das beantragte Maß hinaus und verurteilte den Angeklagten zu einer Gesamtfreiheitsstrafe von zwei Jahren und sechs Monaten, die Joachim H. nun absitzen muß. Bei direktem Geschlechtsverkehr wäre die Strafe noch höher ausgefallen, begründete Richter Kleßen das Urteil. Es wurde das Geständnis des Angeklagten berücksichtigt, sowie der Umstand, daß keine schwerwiegenden Folgen feststellbar waren.

Das Gericht hoffe, so der Richter, daß Joachim H. während der Haft eine Therapie in Anspruch nimmt.

GRUPPENBETREUER MISSBRAUCHT ZWÖLFJÄHRIGES MÄDCHEN

Mit roten Ohren und gesenktem Blick sitzt Jürgen J. am 11. März 2004 im Amtsgericht Jena auf der Anklagebank; die Vorwürfe der Staatsanwältin und die Fragen des Richters sind ihm sichtlich peinlich. Beschämt gibt er zu, er habe sich nicht in der Gewalt gehabt, als ihm die damals 12jährige Heidi nachstellte und verliebte SMS schickte.

Der 39jährige Angeklagte muß sich wegen des schweren sexuellen Mißbrauchs eines Kindes in Tateinheit mit sexuellem Mißbrauch Schutzbefohlener vor dem Jugendschöffengericht verantworten.

Drei Jahre zuvor, im Zeitbereich der begangenen Straftaten, hatte Jürgen J. in einer sozialtherapeutischen Einrichtung für psychisch auffällige Kinder als Gruppenbetreuer gearbeitet. Er berichtet nun darüber: Heidi sei oft in seine Gruppe gekommen und habe sich ziemlich aufreizend verhalten. »Sie sagte, ich solle ihr erster Mann werden, sie wolle unbedingt mit mir schlafen.« In den Osterferien, als seine Frau geschäftlich unterwegs war, habe er sie mit nach Hause genommen und gefragt, ob sie etwas essen wolle oder lieber kuscheln. Sie wollte kuscheln. Die ersten drei Male hätten sie sich gestreichelt und geküßt, beim vierten Treffen habe er den Beischlaf probiert, den Geschlechtsverkehr jedoch nicht vollständig durchgeführt, sondern abgebrochen.

Staatsanwältin und Nebenklägerin haben für das Verhalten von Jürgen J. kein Verständnis: Das zwölfjährige Mädchen wäre noch ein Kind gewesen. Der Angeklagte als Erwachsener hätte klare Grenzen ziehen müssen. Sie plädieren für eine zweijährige Gesamtstrafe mit strengen Bewährungsauflagen.

Das Gericht folgt in seinem Urteil diesen Anträgen und legt die Bewährungszeit auf drei Jahre fest. Jürgen J. hat binnen zwei Monaten 200 Stunden gemeinnützige Arbeit zu leisten und sich in eine Sexualtherapie zu begeben.

BEISCHLAF TROTZ GEGENWEHR

Die beiden waren zwar befreundet, aber nicht direkt ein Liebespaar: der damals 24jährige Romeo R. und die 19jährige Julia B. In der Nacht vom 31. August zum 1. September 2009 kam es dann zu einem Vorfall, der den Romeo zum 26. Mai 2010 auf die Sünderbank im Amtsgericht Jena führte.

Die Staatsanwaltschaft legte dem Angeklagten Vergewaltigung zur Last: Romeo habe zusammen mit Julia deren Schwester in Kahla besucht und dort in der Wohnung auch übernachtet. Das gemeinsame Ruhelager nutzte Romeo, um sich Julia zu nähern. Er versuchte, sie zu küssen, zog ihr den Slip aus, drückte ihre Schenkel auseinander und vollzog trotz Gegenwehr den Beischlaf bis zum Samenerguß.

In der Anklageschrift hieß es weiter: Julia hatte wegen ihrer Menstruation ein Tampon benutzt, welches durch den Geschlechtsverkehr soweit in ihren Körper gedrückt wurde, daß es nur mit ärztlicher Hilfe entfernt werden konnte.

Romeo räumte die ihm vorgeworfene Tat vollumfänglich ein: Er habe ihren Widerstand nicht ernst genommen. Bei einer anderen Gelegenheit ein paar Wochen später, als er ihrer Schwester im Oktober beim Umzug half und wieder dort übernachtete, hätte er erneut mit ihr geschlafen, jedoch mit ihrem Einverständnis. Sie hätte ihm zu verstehen gegeben, daß sie Sex möchte.

Auf Grund seiner Geständigkeit und der Tatsache, daß der Angeklagte bisher noch nicht strafrechtlich in Erscheinung getreten war, plädierte die Staatsanwältin für die Mindeststrafe, die das StGB laut § 177 (2) bei Vergewaltigung vorsieht.

Das Schöffengericht folgte diesem Antrag und verurteilte Romeo R. zu einer Freiheitsstrafe von zwei Jahren. Die Verhängung der Strafe könne noch zur Bewährung ausgesetzt werden, so der Vorsitzende Richter Frank Hovemann, da für den Angeklagten keine negative Kriminal- und Sozialprognose bestünde.

VERGEWALTIGUNG IN DER EHE VOR GERICHT

Laut § 177 StGB wird mit einer Freiheitsstrafe nicht unter zwei Jahren bestraft, wer eine andere Person mit Gewalt nötigt, mit ihm den Beischlaf zu vollziehen, insbesondere wenn dies mit einem Eindringen in den Körper verbunden ist (Vergewaltigung).

Auf diesen Paragraphen berief sich die Staatsanwaltschaft am 5. März 2003 in der Verhandlung des Schöffengerichts beim Amtsgericht Jena gegen den 42jährigen Lutz B. Ihm wurde vorgeworfen, am 23. Januar dieses Jahres in seiner Wohnung mit Gewalt den Beischlaf mit seiner Ehefrau erzwungen zu haben. Dabei habe er sich auf sie gelegt und ihr die Arme festgehalten, obwohl er wußte, daß seine Frau aufgrund eines traumatischen Kindheitserlebnisses Probleme mit der Missionarsstellung hatte. Als sie versuchte, sich zu wehren, und ihn dabei in den Hoden kniff, habe er sie mit der flachen Hand ins Gesicht geschlagen und dann den Geschlechtsverkehr bis zum Samenerguß vollzogen. Dies erfülle den Straftatbestand der Vergewaltigung und der Körperverletzung.

Der Verteidiger des Angeklagten, Rechtsanwalt Ernst-Günter Popendicker, regte an, das Verfahren nach § 154 a der Strafprozeßordnung auf die Vergewaltigung zu beschränken. So bestehe die Möglichkeit, daß für seinen Mandanten, der die Tat bereue und sich bisher nichts habe zuschulden kommen lassen, noch eine Strafe auf Bewährung in Betracht käme. Würde jedoch für die mitangeklagte Körperverletzung Freiheitsstrafe dazu kommen, könnte die Gesamtstrafe nicht mehr zur Bewährung ausgesetzt werden. Das wäre ein Tiefschlag für das Fortbestehen der 15jährigen Ehe, wenn der »Ernährer« der Familie durch seine Gefängnishaft die Arbeit verlöre und auch die Raten für den Hauskredit nicht mehr abgezahlt werden könnten.

Das Gericht beschloß die Beschränkung des Verfahrens und verhängte wegen Vergewaltigung eine Freiheitsstrafe von zwei Jahren, ausgesetzt auf drei Jahre zur Bewährung, mit der Auflage, sich während der Bewährungszeit im gemeinsamen Schlafzimmer nicht ohne Zustimmung der Ehefrau aufzuhalten.

DNS-SPUR FÜHRT ZUM TÄTER

In der Nacht zum 11. Mai 2012 befindet sich eine junge Frau auf dem Heimweg in einen kleinen Ort südlich von Jena. An der Fußgängerbrücke beim Mediamarkt bemerkt sie, daß ihr jemand folgt. Sie läuft schneller, der Mann rennt hinter ihr her, packt sie an der Schulter. Sie stolpert und fällt hin, rappelt sich auf. Der Verfolger greift an ihre Brüste: »Ich will dich doch nur anfassen!« Es kommt zum Gerangel. Er schubst sie erneut zu Boden, schiebt seine Hand in ihre Jeans und reibt an der Vagina. Sie wehrt sich, kneift in sein Geschlechtsteil, drückt dann mit aller Kraft seinen

Kopf zur Seite. Er läßt von ihr ab und entfernt sich; bleibt lange Zeit unerkannt. Erst nach vier Jahren kommt man ihm durch einen DNS-Abgleich auf die Spur.

In einem Gutachten des Institutes für Rechtsmedizin vom 23. Juni 2016 wird bestätigt, daß das genetische Material unter den Fingernägeln des Opfers, das die Polizei damals sicherstellte, von Mark K. stammt.

Nun muß sich der 34jährige Angeklagte, der inzwischen nach Mainz gezogen ist und dort studiert, im Amtsgericht Jena wegen sexueller Nötigung verantworten.

Sein Verteidiger regt ein Vorgespräch über eine Verständigung unter den verfahrensbeteiligten Juristen an. Sie einigen sich auf einen Strafrahmen von einem Jahr und sechs Monaten bis zu zwei Jahren, mit Strafaussetzung zur Bewährung, falls sich Mark K. geständig einläßt.

Daraufhin räumt der Angeklagte über seinen Verteidiger den Tatvorwurf vollumfänglich ein. Er bringt zum Ausdruck, daß er sein Fehlverhalten bedauere und sich deshalb zur Zeit in psychoanalytischer Therapie befinde.

Durch das Geständnis erspart Mark K. seinem Opfer eine Zeugenaussage vor Gericht.

Das Schöffengericht mit dem Vorsitzenden Richter Frank Hovemann verhängt gegen den bisher nicht strafrechtlich vorbelasteten Angeklagten eine Freiheitsstrafe von einem Jahr und acht Monaten und setzt diese für zwei Jahre zur Bewährung aus. Als Bewährungsauflage erhält Mark K. die Weisung, die begonnene psychoanalytische Behandlung fortzusetzen und diese nicht gegen den Rat des Arztes abzubrechen.

JUGENDLICHER VERGEWALTIGT 78JÄHRIGE FRAU

Ich sage nichts! Was bringt mir das? Ich gehe sowieso in den Bau!«, waren die einzigen Worte des Angeklagten am ersten Tag (4. März 2003) der Verhandlung vor dem Jugendschöffengericht beim Amtsgericht Jena.

Der Vorsitzende Richter Andreas Piller hatte den 19jährigen Sebald Z. aufgefordert, zum Vorwurf der Vergewaltigung Stellung zu nehmen. Dieser soll, so die Anklageschrift, am 25. Juli 2002 zwischen Köppe und Waldparkplatz bei Bad Klosterlausnitz eine 78jährige Frau angesprochen, sie in den »Schwitzkasten« genommen und in den Wald gezerrt haben. Dort habe er sie zu Boden gezogen, ihr eine Jacke über den Kopf gestülpt und den Beischlaf vorgenommen. Diese sexuelle Handlung sei ein Verbrechen nach § 177 des Strafgesetzbuches.

Da das betagte Opfer aus gesundheitlichen Gründen nicht geladen worden war, setzte der Richter einen Fortsetzungstermin an und verhandelte zunächst die anhängige Verbundsache, in der dem Angeklagten schwerer Diebstahl zur Last gelegt wurde. Demnach soll Sebald ein paar Wochen zuvor in ein Häuschen der Gartenanlage nahe des Gewerbegebietes Hainspitz eingebrochen sein.

Am zweiten Verhandlungstag war Sebald bereit auszusagen, jedoch nur unter Ausschluß der Öffentlichkeit.

Anschließend kam ein medizinischer Sachverständiger zu Wort: Beim Angeklagten würde eine eingeschränkte Kritikfähigkeit vorliegen. Diese sei jedoch nicht so ausgeprägt, um zu wissen, daß man eine Frau nicht vergewaltigen darf. Für eine sozialbedingte Intelligenzminderung spreche auch, daß Sebald beim Opfer nach deren Adresse fragte, sich bei ihr zum Kaffee einlud und Kuchen mitbringen wollte.

Nach dem Bericht einer Mitarbeiterin der Jugendgerichtshilfe plädierten Staatsanwalt und Nebenkläger für eine Jugendstrafe von vier Jahren. Das Gericht folgte in seinem Urteil diesen Anträgen und beschloß, den Haftbefehl vom 8. August 2002 aufrecht zu erhalten. Sebald muß zurück ins Gefängnis.

NÖTIGUNG ZU SEXUELLEN HANDLUNGEN

Mercedes, schwarzes Hemd und rote Krawatte – »Das ist er«, kündigte einer der aus dem Fenster des Gerichtssaales schauenden Zuhörer die Ankunft des Angeklagten an, der mit einstündiger Verspätung am 30. August 2012 im Amtsgericht Jena erschien – zwei Minuten vor Erlaß eines Haftbefehls gegen ihn.

Der 32jährige Geschäftsmann Manfred H. mußte sich wegen Förderung sexueller Handlungen Minderjähriger und versuchter Nötigung zu sexuellen Handlungen in besonders schwerem Fall verantworten.

Die Staatsanwaltschaft legte dem Angeklagten zur Last, im Sommer 2009 die damals 17jährige Diana L. bestimmt zu haben, sexuelle Handlungen gegen Entgelt an ihm und anderen Männern vorzunehmen. Ferner habe Manfred H. im März 2010 die ebenfalls 17jährige Tanja L. angerufen und sie genötigt, sich für ihn zu prostituieren; ansonsten würde er die von ihr während einer Sexparty aufgenommenen Fotos im Internet veröffentlichen. Tanja habe sich nach diesem Telefonat voller Panik an eine Erzieherin des betreuten Jugendwohnens gewandt.

Der Angeklagte ließ über seinen Verteidiger erklären, er habe angenommen, die Mädchen seien schon volljährig. Die Staatsanwältin wertete dies als reine Schutzbehauptung. Laut Zeugenaussagen habe Manfred H. gewußt, daß die mittellose Diana erst 17 Jahre alt war.

Bezüglich des Vorwurfs der versuchten Nötigung berichtete die Erzieherin über ihr Gespräch mit Tanja nach dem Anruf von Manfred: Tanja sei einmal mit Diana auf einer Party gewesen. Nachdem sie Sekt getrunken und einen Joint geraucht habe, wisse sie nichts mehr von dieser Nacht, auch nicht, daß Fotos von ihr gemacht worden seien.

Das Gericht mit dem Vorsitzenden Richter Detlef Kleßen verurteilte den Angeklagten zu einer Freiheitsstrafe von einem Jahr auf Bewährung. Als Auflage hat Manfred H. 1.200 Euro an die gemeinnützige Einrichtung »Elterninitiative für das seelisch erkrankte und verhaltensauffällige Kind Thüringen e.V.« zu zahlen.

ENTBLÖSSER
BELÄSTIGT FRAUEN

Nach dem Genuß der verbotenen Frucht erkannten Adam und Eva ihre Nacktheit und bedeckten schamhaft ihre Blöße, heißt es sinngemäß in der Bibel. Zur Kulturgeschichte des Menschen gehört es seitdem, die Sicht auf die Geschlechtsteile durch Bekleidung zu vermeiden; das zählt zum normalen gesellschaftlichen Verhalten. Diejenigen, die das nicht befolgen, können wegen exhibitionistischer Handlungen bestraft werden.

So hatte sich nun auch Henrik S., der mit dem Entblößen seines Geschlechtsteiles Frauen in Jena belästigte, im April 2012 vor Gericht zu verantworten.

Laut Anklage entblößte sich der 33jährige am 25. April 2010 in der Schenkstraße vor einer 26jährigen Studentin und manipulierte an seinem Geschlechtsteil. »Es war niemand in der Nähe. Ich hatte schon richtig Angst«, berichtete die junge Frau im Zeugenstand.

Sie erstattete bei der Polizei Anzeige wegen Belästigung. Ihr war eine Lichtbildvorlage mit acht Fotos gezeigt worden, auf der sie den Täter sofort wiedererkannte. Auch jetzt im Gerichtssaal hatte sie keine Zweifel, daß es sich beim Angeklagten um den Entblößer handelte.

Das nächste Opfer, eine 44jährige Hausfrau, schilderte die von ihr erlebte Situation am 16. Mai 2010: »Ich hatte in der Zeitung gelesen, daß der Entblößer eine Frau bis zur Haustür verfolgt hat. Kurze Zeit später passierte mir ähnliches. Er öffnete seine Hose, machte bestimmte Bewegungen an seinem Glied und suchte Blickkontakt. Ich habe mich weggedreht.«

Weiter berichtete die Zeugin: Sie sei dem Mann anschließend unauffällig gefolgt, um zu erfahren, wo er wohne. Dann habe sie die Polizei gerufen und ihn bei einer Gegenüberstellung wiedererkannt.

Das Gericht mit dem Vorsitzenden Richter Andreas Piller verhängte gegen den schon einschlägig vorbelasteten Angeklagten eine Freiheitsstrafe von zehn Monaten mit einer dreijährigen Bewährungszeit. Henrik S. muß sich in eine Heilbehandlung begeben und 1.000 Euro an das »Jenaer Frauenhaus e.V.« zahlen.

EXHIBITIONIST BELÄSTIGT JUNGE FRAUEN

Ja, ich erkenne ihn wieder – es war der Angeklagte! Auf meinem Weg vom Paradies- zum Westbahnhof mußte ich auf einer Treppe an ihm vorbei. Er stand da und onanierte. Ich sagte zu ihm, er solle damit aufhören. Doch er hat mir direkt in die Augen geschaut und weitergemacht.« Diese Aussage einer jungen Zeugin belastete den 27jährigen Heino S., der sich im März und April 2006 an drei Prozeßtagen im Amtsgericht Jena wegen exhibitionistischer Handlungen verantworten mußte.

Die Staatsanwaltschaft hatte dem einschlägig Vorbestraften drei Fälle zur Last gelegt, in denen er im vorigen Jahr durch das Entblößen seines Geschlechtsteils junge Frauen belästigt haben soll: am 15. Mai zwischen Forstweg und Lutherstraße, am 17. Mai zwischen Paradies- und Westbahnhof, sowie am 20. Juni am Kritzegraben in der Nähe des Spielplatzes.

Doch Heino S. bestritt diese Handlungen und sein rühriger Verteidiger, Rechtsanwalt Peter Tuppat, der davon ausging, daß sein Mandant mit einem anderen Exhibitionisten verwechselt wurde, hatte Zeugen für Heinos Alibi aufgetrieben.

So sagte der Vater des Angeklagten aus, sein Sohn habe sich am 15. Mai, dem Pfingstsonntag, im elterlichen Garten aufgehalten. Und am 20. Juni hätte er mit ihm zur fraglichen Zeit aus der Agrargenossenschaft in Bucha Steine für den Garten geholt. Die 19jährige Freundin des Angeklagten gab Heino für den 17. Mai bis 12:45 Uhr ein Alibi: Sie wüßte Datum und Uhrzeit deshalb so genau, weil sie an diesem Tag ihre erste Fahrstunde gehabt hätte. Als sie seine Wohnung verließ, habe er am Computer gesessen.

Der Staatsanwalt sah in den Aussagen der Entlastungszeugen keine Bestätigung für ein hieb- und stichfestes Alibi. Nach dem Weggang seiner Freundin habe Heino S. durchaus noch die Zeit gehabt, kurz nach 13:00 Uhr an der Treppe zur Rathenaustraße zu erscheinen, um dort sein Unwesen zu treiben.

Auch der Aufenthalt im weiträumigen elterlichen Garten hinter dem Unterführungstunnel an der Katharinenstraße biete kein sicheres Alibi. Da sich der Garten in unmittelbarer Nähe des Tatortes befindet, sei es durchaus möglich, daß sich Heino S. daraus kurzfristig entfernt habe.

Staatsanwalt Jens Wörmann forderte für den Angeklagten eine Gesamtstrafe von zehn Monaten, die nicht mehr zur Bewährung ausgesetzt werden sollte, da der Angeklagte einschlägig vorbestraft sei und zur Tatzeit unter laufender Bewährung gestanden habe.

Verteidiger Peter Tuppat plädierte dagegen auf Freispruch: Es gäbe zuviel Zweifel an der Täterschaft seines

Mandanten. Diese muß nachgewiesen werden – das sei hier nicht geschehen. Die Zeuginnen hätten den Angeklagten im Gerichtssaal nicht hundertprozentig wiedererkannt.

Richterin Wilma Göritz konnte in zwei Fällen ihre Zweifel an der Täterschaft des Angeklagten nicht ganz ausräumen: Die Zeuginnen hätten zwar Heino S. im Gerichtssaal als den onanierenden Entblößer identifiziert, ihn aber auf der von ihr nochmals vorgelegten Lichtbildauswahl der Polizei nicht eindeutig benennen können. Ein Fall jedoch sei zweifelsfrei gewesen. Hier habe die Zeugin, die von Beruf Kostümbildnerin ist, den Täter bezüglich Kleidung und Aussehen genau beschreiben können.

Das Gericht verurteilte den Angeklagten wegen einer exhibitionistischen Handlung zu einer Freiheitsstrafe von sechs Monaten und sprach ihn im Übrigen frei.

Wegen der einschlägigen Vorbelastungen wurde die Strafe nicht mehr zur Bewährung ausgesetzt; Heino S. muß sie also im Gefängnis absitzen.

4. Kapitel

NACHBARSCHAFTSSTREIT

Es kann der Frömmste nicht in Frieden bleiben, wenn es dem bösen Nachbarn nicht gefällt.« wußte schon Dichterfürst Friedrich Schiller.

Und der Volksmund sagt: »Jeder ist mit sich zufrieden, aber keiner mit seinem Nachbarn.«

Nachbarschaftsstreit war auch einige Male Thema in Strafverfahren am Amtsgericht Jena. Sechs Artikel sollen hierfür als Beispiel stehen:

Im ersten Bericht hat sich ein Gartenbesitzer wegen Freiheitsberaubung zu verantworten: Er sperrte seinen Nachbarn in dessen Laube ein. *(Selbstjustiz in der Kleingartenanlage)*

Beleidigung und Körperverletzung sind Straftaten im zweiten Artikel. *(Nachbarn beschimpft und mit Stock geschlagen)*

Durch anonyme Telefonanrufe des Nachbarn fühlte sich ein 49jähriger in seiner Nachtruhe gestört. *(Nachbarschaftsstreit artet in Telefonterror aus)*

Geldstrafen gab es für die Beschädigung des nachbarlichen Gartenzauns. *(Zoff am Maschendrahtzaun)*

Auch das Ausrasten eines Gartenbesitzers wurde mit einer Geldauflage geahndet. *(Jenaer Kleingarten-Rambo vor dem Kadi)*

Ganz heftig ging es im letzten Beitrag zu: Wegen Körperverletzung mittels eines gefährlichen Werkzeugs verhängte das Gericht eine zehnmonatige Freiheitsstrafe auf Bewährung. *(Verräucherter Nachbar gräbt Kriegsbeil aus)*

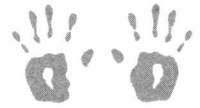

SELBSTJUSTIZ
IN DER KLEINGARTENANLAGE

Es geschah am 16. Juni dieses Jahres in der Kleingartenanlage »Am Mühlberg«: Fabian M. hatte Zoff mit seinem Kumpel Max H. und sperrte diesen kurzerhand in dessen Laube ein. Er vernagelte die Tür und stellte das Fenster mit Biertischen zu. Der Eingesperrte setzte per Handy einen Notruf ab und versuchte, sich mit Hilfe einer Kettensäge zu befreien. Die eintreffenden Polizeibeamten forderten ihn auf, das Sägen einzustellen. Als das nicht geschah, setzten sie Pfefferspray ein und befreiten den Geschädigten aus seiner Lage.

Nun mußte sich Fabian M. am 20. Oktober 2010 vor dem Amtsgericht Jena wegen des Vergehens der Freiheitsberaubung (§ 239 Strafgesetzbuch) verantworten.

Der Angeklagte nahm dazu Stellung: Die Eröffnung der Fußball-Weltmeisterschaft habe er mit einigen Bekannten feucht-fröhlich gefeiert. Sein Kumpel Max war auch dabei. An dem Abend habe dieser einem anderen das Portemonnaie gestohlen. Darüber sei er sehr verärgert gewesen. Er habe Max eine Frist von fünf Tagen gesetzt, das Diebesgut zurückzugeben. Als dieser das nicht tat, habe er ihn kurzerhand in dessen Wohnlaube eingesperrt.

Staatsanwalt Jens Wörmann kommentierte die Einlassung des Angeklagten: »Das ist ein klassischer Fall von Selbstjustiz. Als das Portemonnaie gestohlen wurde, hätten Sie zur Polizei gehen können; es waren ja Zeugen dagewesen.« Fabian M. war schuldeinsichtig: »Ich wollte ihm einen Denkzettel verpassen; aber die Art und Weise war nicht richtig.«

Der Vorsitzende Richter Frank Hovemann beschloß mit Zustimmung der Prozeßbeteiligten, das Verfahren gegen eine Geldauflage von 300 Euro einzustellen. Fabian M. zahlte diese Summe umgehend bei der Gerichtskasse ein. Der Betrag wird dann an die gemeinnützige Einrichtung »Bewährungs- und Straffälligenhilfe Thüringen e.V.« weitergeleitet.

NACHBARN BESCHIMPFT UND MIT STOCK GESCHLAGEN

Das Strafverfahren vor dem Amtsgericht Jena gegen Volkmar R. beginnt am 5. Dezember 2012 mit Verspätung. Wegen unentschuldigten Fehlens wird er von der Polizei abgeholt und vorgeführt.

Die Staatsanwaltschaft legt dem 66jährigen Angeklagten Beleidigung und gefährliche Körperverletzung zur Last: Am 8. April 2012 habe er seinen Nachbarn Robert E. mit den Worten »Sie sind das größte Arschloch, das es im Ort gibt.« beschimpft und knapp drei Wochen später, am 26. April, Thomas B. mit einem Stock geschlagen.

Der Angeklagte bestreitet die gegen ihn erhobenen Vorwürfe: Er habe sich nur verteidigt. »Ich bin mit meinen Katzen über die Streuobstwiese zum Wald gegangen. Der Sohn von Herrn B. preschte mit seinem Quad den Weg rauf und runter. Ich stand am Wegesrand, als der Sohn vor mir scharf bremste. Hinter ihm stieg der Vater aus seinem Jeep, kam wie ein Stier auf mich zu. Er schubste mich so stark, daß ich in hohem Bogen zwei Meter durch die Luft flog und im Graben landete. Ich rappelte mich auf; er versuchte es ein zweites Mal. Da habe ich mit meinem Wanderstock zugeschlagen.«

Der Betroffene sagt aus: »Mein Sohn und ich fuhren in Richtung Altengönna. Herr R. stand mitten auf der Straße und fuchtelte mit einem Stock. Ich hielt an und ging auf ihn zu. Er versetzte mir mit dem Knüppel einen so heftigen Schlag, daß ich einfach umfiel.«

Der Vorsitzende Richter Frank Hovemann fragt nach: »Mitten auf der Straße?« Der Angeklagte ruft dazwischen: »Nein, an der Seite!« Und an Thomas B. gewandt: »Lügenschwein! Du bist nicht der König vom Gönnatal!« Dieser kontert lautstark: »Du bist ein Psychopath! Spielst dich auf, wie ein Polizist!«

Der Richter läßt die showreife Auseinandersetzung gewähren, um sich von den Streithähnen ein besseres Bild machen zu können. Er hält die Aussagen der Zeugen für glaubhaft und verurteilt den Angeklagten zu sechs Monaten und zwei Wochen auf Bewährung. Als Auflage hat Volkmar R. 300 Euro an »HAUEN ist DOOF – Verein für Konfliktkompetenz Jena e.V.« zu zahlen.

NACHBARSCHAFTSSTREIT ARTET IN TELEFONTERROR AUS

Seit vier Jahren bekommen wir anonyme Anrufe, meistens nachts. Deshalb leide ich jetzt an Schlafstörungen und muß mit einer Atemmaske schlafen.« Mit diesen Worten begann der 49jährige Gymnasiallehrer seine Zeugenaussage am 8. Juli 2008 im Amtsgericht Jena.

Angeklagt war sein Straßennachbar Rudolf S. wegen Verstoßes gegen § 238 StGB (Nachstellung).

Die Staatsanwaltschaft hatte dem 84jährigen zur Last gelegt, in der Zeit vom 3. bis 31. Januar 2008 siebenmal mit seinem Telefon den Anschluß des Nachbarn angewählt und, nachdem der Hörer aufgenommen wurde, ohne ein Wort zu sagen, wieder aufgelegt zu haben. Die Anrufe seien zu folgenden Zeiten getätigt worden: 3:16; 3:05; 3:21; 3:25; 3:06; 11:25 und 1:19 Uhr. Damit habe der Angeklagte unbefugt und beharrlich unter Verwendung von Telekommunikationsmitteln Kontakt herzustellen versucht und dadurch die Lebensgestaltung des Nachbarn schwerwiegend beeinträchtigt.

Der vom Telefonterror gestreßte Lehrer berichtete ausführlich über sein Martyrium: Die anonymen Anrufe hätten sich auf die gesamte Familie negativ ausgewirkt. Bei seiner Frau sei Bluthochdruck entstanden; seine Tochter habe durch die nächtliche Unruhe epileptische Anfälle bekommen. Er selbst habe sich wegen der Schlafstörungen behandeln lassen und schlafe nun jede Nacht mit einem Atemgerät. Dieses Gerät habe er als Beweis mitgebracht; daran wäre für das vergangene Jahr abzulesen, wann er geschlafen habe beziehungsweise gestört worden sei. Er habe wegen der nächtlichen Anrufe eine Fangschaltung beantragt. Diese sei ihm aber erst nach Wechsel des Telefonanbieters Ende 2007 gewährt worden, so daß nur die danach folgenden Verbindungen dokumentiert wurden und als Grundlage für die Anzeige dienten.

Rechtsanwalt Dieter Jacobi als Verteidiger des Angeklagten erklärte: Sein Mandant gebe zu, zweimal den Telefonanschluß der Familie des Lehrers angewählt zu haben. Grund dafür sei ein ins Gartenbeet eingeritztes Totenkreuz gewesen.

Sein Mandant habe durch das Fenster eine schemenhafte Gestalt gesehen, die sich nach dem Einritzen des Kreuzes in Richtung Nachbargrundstück entfernte. Er habe deshalb nicht schlafen können und den Lehrer fragen wollen. Doch während des Anrufens sei er mutlos geworden und habe wieder aufgelegt.

Der Verteidiger argumentierte: Da der Angeklagte zwei Anrufe einräume, alle anderen Fälle aber bestreitet, liege kein Straftatbestand gemäß § 238 vor. Zur Verurteilung seien mehrere Versuche notwendig, um den gesetzlich vorgeschriebenen Tatbestand der Beharrlichkeit zu erfüllen. Durch die Auswertung der Fangschaltung gehe nicht hervor, wer angerufen habe; es könnte ja auch eine andere Person gewesen sein.

Richter Dr. Gerhard Litterst-Tiganele sah sich nun in der Bredouille und erläuterte die schwierige Beweislage: Er müsse das Fehlverhalten individuell dem Angeklagten zuordnen können, also den Richtigen verurteilen. Das wäre hier nicht ohne weiteres möglich.

Nach einem Rechtsgespräch unter den Juristen beschloß der Richter mit Einverständnis der Prozeßbeteiligten, das Verfahren nach § 153 (2) Strafprozeßordnung (StPO) gegen eine Geldauflage von 300 Euro, zu zahlen binnen eines Monats an die gemeinnützige Einrichtung »Kinderkrebshilfe Jena e.V.«, vorläufig einzustellen.

Der Geschädigte kündigte an, auch Anzeige gegen die Frau des Angeklagten zu erstatten, da die anonymen Anrufe nachweislich von deren Anschluß getätigt worden seien. Er äußerte frustriert: »Ich bleibe auf den Kosten von 70.000 Euro sitzen, wir haben keine Ruhe vor der Frau.«

ZOFF
AM MASCHENDRAHTZAUN

Den Nachbarschaftsstreit wegen eines Knallerbsenstrauches, der den Maschendrahtzaun einer Gartenbesitzerin beschädigte, nahm im Jahr 1999 der Entertainer Stefan Raab als Vorlage für einen Song. An dieses Lied, das dazumal Platz eins der Charts erreichte, wurden im August 2010 die Zuhörer einer Verhandlung im Amtsgericht Jena erinnert. Auch hier ging es um das Ramponieren eines Maschendrahtzaunes.

In einem Strafverfahren hatten sich der 53jährige Paul K. und seine Lebensgefährtin, die 56jährige Julia W. wegen Sachbeschädigung zu verantworten. Zoff mit den Anwohnern in dem kleinen Ort nahe Jena gab es wohl erst seit zirka zwei Jahren, als Paul zu Julia zog. Ihn störte zum Beispiel der Transporter, den Gerhard S. von gegenüber genau vor seinem Haus parkte und ihm damit die Sicht nahm.

Gerhard S. stellte eines Tages fest, daß der Lack am Auto zerkratzt war, wenig später durchschlug das Projektil aus einem Luftgewehr die Rückleuchte seines Wagens. Auch war auf seinem Grundstück der Maschendrahtzaun an einigen Stellen durchschnitten. Gerhard S. vermutete, konnte es aber nicht beweisen, daß Paul K. der Übeltäter war. Er markierte die alten Schnittstellen am Zaun mit Farbe, um sie von neuen Schädigungen unterscheiden zu können.

Dann erwischte er am 8. April vorigen Jahres seine Nachbarn in flagranti. Gerhard S. hatte sich nach der Gartenarbeit ein Weilchen zur Ruhe gesetzt, als er durch das Getrappel von Schritten aufmerksam wurde. Er hörte aus Richtung des Zaunes ein knipsendes Geräusch, begab sich eilig vom

Garten auf die Straße – und sah die beiden jetzt Angeklagten ihm entgegenkommen. Am Maschendrahtzaun glänzten frische Schnittstellen. Nun zeigte er seine Nachbarn an.

Gegen diese verhängte Richter Frank Hovemann eine Geldstrafe von jeweils 15 Tagessätzen. Die Höhe des Tagessatzes, die nach dem Einkommen berechnet wird, wurde für Paul K. auf 30 und für Julia W. auf 27 Euro festgesetzt; so daß die beiden nun wegen der Sachbeschädigung 450 und 405 Euro zu berappen haben.

JENAER KLEINGARTEN-RAMBO VOR DEM KADI

Wer in Jena die Tatzendpromenade in Richtung Forstweg läuft, gelangt bald ins Grüne. Dort besitzt Horst H. ein Gartengrundstück. Und hier kam es auch zu Vorfällen, deretwegen sich der 69jährige nun am 10. Januar 2018 vor Gericht zu verantworten hatte.

Lang war die Liste der ihm zur Last gelegten Straftaten: So soll Horst H. im Zeitraum 19./20. September 2014 in ein benachbartes Gartengrundstück eingedrungen sein und diverse Gegenstände entwendet haben; unter anderem einen kleinen Backofen, Kaffeemaschine, Notstromaggregat, Benzinkanister, Rasenmäher, Werkzeugkiste und Baumaterial.

Die Geschädigte sagte jetzt vor Gericht aus, sie sei damals Pächterin eines Teils des Gartens von Horst H. gewesen. Er wollte sie vom Grundstück haben, deshalb hätte er die Schlösser aufgebrochen und ausgewechselt. Von den gestohlenen Sachen sei ihr das meiste zurückgegeben worden. Sie wäre zu Horst H. gegangen, um mit ihm zu reden. Doch der habe einen Knüppel hochgehalten und gerufen, er schlage sie tot, wenn sie nicht sofort verschwinde. Da sei sie weggelaufen.

Auch gegenüber anderen soll Horst H. bedrohlich aufgetreten sein. So warf ihm die Staatsanwältin vor, am 3. August 2014 einem in der Nähe wohnenden Mann die Weiterfahrt verwehrt zu haben. Er hätte ihn veranlaßt, aus dem Auto auszusteigen und ihn mit der Sense bedroht. Das sei strafbar als Nötigung. Am 4. Dezember 2015 gab es ein erneutes Aufeinandertreffen mit demselben Anwohner. Horst H. habe den Weg mit einem Baum versperrt und gedroht: »Dich krieg ich auch noch, dein Haus brenne ich ab.«

Der Genötigte berichtete als Zeuge vor Gericht von weiteren Auseinandersetzungen: Horst H. habe am 17. September 2014 mit einem spitzen Gegenstand durch den Zaun hindurch seinen Dobermann verletzt. Er legte dem Gericht Fotos vor, auf denen eine tiefe Schnittwunde am Hals des Hundes zu sehen war.

Der Angeklagte bestritt sämtliche ihm vorgeworfenen Straftaten. Sein Verteidiger plädierte dafür, Horst H. freizusprechen.

Das Gericht folgte jedoch dem Antrag der Staatsanwaltschaft und verhängte wegen Bedrohung und Nötigung sowie Verstoßes gegen das Tierschutzgesetz eine Geldstrafe von 45 Tagessätzen zu je 30 Euro. Somit muß nun Horst H. für sein Ausrasten 1350 Euro berappen. Ein Angebot über die Einstellung des Verfahrens gegen eine geringere Geldauflage hatte er nicht angenommen.

VERRÄUCHERTER NACHBAR
GRÄBT KRIEGSBEIL AUS

Im Garten zu grillen, ist eine beliebte Tradition. Diesem Freizeitvergnügen frönte auch in Jena ein neuer Pächter in der Gartenanlage am Ostbad bis zu jenem denkwürdigen Tag im Juli 2005, da sein ausgerasteter Nachbar, der 64jährige Dietmar N. das Kriegsbeil ausgrub. Nun mußte sich dieser vier Monate später im Amtsgericht wegen gefährlicher Körperverletzung verantworten.

Das Verhältnis zwischen den Gartennachbarn war zunächst ungetrübt und eitel Sonnenschein. Doch dann störte Dietmar N. der Rauch des nach dem Grillen noch aufgelegten Holzes: »Die haben anschließend frischen Baumverschnitt verbrannt, die feuchten Äste hatten furchtbar gequalmt. Zunächst habe ich es in mich hinein gefressen, dann bin ich explodiert wie ein Teekessel. Ich habe das Beil gegriffen, bin über den Zaun gesprungen und habe ihm eine vor den Latz gehauen.« Zuvor habe er jedoch versucht, so der Angeklagte, über den Vorstand des Gartenvereins eine Abhilfe zu erreichen. Als dies erfolglos war, habe er bei der Polizei, der Feuerwehr und dem Umweltamt um Hilfe gebeten, aber leider auch umsonst. Den Garten mit dem kleinen Häuschen, in dem er im Sommer immer lebte, habe er nach 29 Jahren aufgrund dieses Vorfalls abgeben müssen.

Familie S. traf der Wutausbruch von Dietmar N. völlig überraschend. Ihnen sei überhaupt nicht bewußt gewesen, daß sie ihren Nachbarn mit dem Grillen so verärgert hätten, schilderte Ewald S. die Situation. Lediglich dessen Frau habe sich einmal beschwert; da sei von ihnen das Feuer ausgemacht und dann ein anderer Platz in der Mitte des

Gartens gewählt worden. Am 17. Juli, einem Sonntag, hätten sie wieder Holz im Grill angebrannt, als sie ihren Nachbarn nebenan toben hörten: »Das Schwein bringe ich um! Dem spalte ich den Schädel!«

»Ich wußte erst gar nicht, daß ich damit gemeint war«, wunderte sich Ewald S. Erst als der Nachbar über den Zaun sprang und mit dem Beil auf ihn losging, habe er die Gefahr erkannt und versucht auszuweichen, mit dem stumpfen Ende des Beils aber noch einen Schlag gegen den Brustkorb erhalten.

»Nicht auszudenken, was passiert wäre, wenn mein Mann am Kopf getroffen worden wäre«, malte sich dessen Frau die schrecklichen Folgen aus. Sie seien darum beide noch in psychiatrischer Behandlung.

Nach der Beweisaufnahme sah die Staatsanwältin den Straftatbestand der gefährlichen Körperverletzung gemäß § 224 (1) StGB bestätigt und plädierte für eine Freiheitsstrafe von einem Jahr, auszusetzen auf eine zweijährige Bewährungszeit, sowie als Auflage die Zahlung von 300 Euro.

Der Vorsitzende Richter Dr. Gerhard Litterst-Tiganele verkündete am 16. Dezember das Urteil: Der Angeklagte erhält eine Freiheitsstrafe von zehn Monaten, die für zwei Jahre zur Bewährung ausgesetzt wird. Als Auflage hat Dietmar N. binnen sechs Monaten 300 Euro, und zwar in Raten von sechsmal 50 Euro, an den gemeinnützigen Verein »Ein Dach für Alle e.V.« Jena zu zahlen.

Der Richter empfahl dem Verurteilten, bei Schwierigkeiten das Problem direkt anzusprechen und nötigenfalls einen Klageweg einzuschlagen, wie dies die Rechtsordnung vorsieht.

5. Kapitel

KÖRPERVERLETZUNG

Im Artikel zwei des Grundgesetzes für die Bundesrepublik Deutschland heißt es: »Jeder hat das Recht auf Leben und körperliche Unversehrtheit.« Das Strafgesetzbuch (StGB) befaßt sich mit diesem Menschenrecht in den Paragraphen 223 bis 231.

Hier 13 Beispiele für das Ahnden von Körperverletzungen:

Just an seinem Hochzeitstag verprügelt ein Kraftfahrer einen Kollegen. *(Hochzeitsfeier endet im Fiasko)*

Ein anderer begeht Körperverletzung aus Imponiergehabe. *(Kampfsportler rastet im Freizeitbad aus)*

Oft erfolgen solche Straftaten unter Einwirkung von Alkohol. *(Teufel Alkohol)*, *(Busfahrer bespuckt und geschlagen)*

Wegen fahrlässiger Körperverletzung mußte sich ein Pfleger verantworten. *(Heimbewohnerin zu heiß geduscht)*

Aus seiner Strafe wegen Totschlags hatte ein 52jähriger nichts gelernt. *(Therapeutin gewürgt und Exfreundin bedroht)*

Ein 43jähriger schlägt seinen Vater blutig, weil er sich von diesem gereizt fühlte. *(Familientragödie auf dem Bauernhof)*

Sechseinhalb Jahre ins Gefängnis muß ein 23jähriger, der seine Mutter schlug und erpreßte. *(Martyrium für eine Mutter)*

Äußerst aggressiv verhält sich ein Drogenabhängiger aus Eifersucht. *(Vermeintlichen Nebenbuhler brutal getreten)*

Eine Jugendstrafe von 15 Monaten auf Bewährung erhält eine 19jährige. *(Wie im Wahn mit dem Küchenmesser zugestochen)*

Keine Strafaussetzung zur Bewährung gibt es für eine 26jährige. *(Messerstecherin muß 15 Monate ins Gefängnis)*

Sadistische Züge tragen die Missetaten dreier junger Jenenser. *(Opfer in der Badewanne gequält und mißhandelt)*

Wegen Raub und Körperverletzung wurde ein 26jähriger verurteilt. *(Frau am Boden getreten und die Handtasche geraubt)*

HOCHZEITSFEIER ENDET
IM FIASKO

Neun Monate – das ist allgemein die Zeit für das Heranrei-
fen eines Embryos bis zur Geburt. Neun Monate Freiheitsstrafe für Tilo R. sind das Ergebnis seines in einem Fiasko endenden Hochzeitstages. Dieses Urteil wird am 19.
März 2009 im Amtsgericht Jena gegen den 32jährigen Angeklagten verkündet.

Der Staatsanwalt hatte sogar zwölf Monate wegen vorsätzlicher Körperverletzung gefordert. »So wie er es geschildert hat, war es nicht, ich habe nicht mit der Faust geschlagen«, äußert sich Tilo zum Anklagevorwurf.

Um Licht in das Dunkel dieses Hochzeitsabends zu bringen, läßt Richter Dr. Gerhard Litterst-Tiganele mehrere
Zeugen aufmarschieren. Am Ende der Beweisaufnahme ergibt sich folgendes Bild:

Der Berufskraftfahrer Tilo R. feiert am 10. Oktober 2008
auf dem Gelände einer Jenaer Spedition seine Hochzeit. Als
er am Abend über den Hof geht, um die Toilette aufzusu-
chen, startet ein Kollege seinen Lkw, blendet die Schein-
werfer auf, fährt los und kommt ganz dicht vor dem Bräutigam zum Stehen. Dieser, darob verärgert, reißt die Fahrertür
auf und verprügelt den Störenfried.

Ein Gast der Hochzeitsfeier, der auch das »stille Örtchen«
aufsuchen will, wird auf ein Wortgefecht aufmerksam, ver-
nimmt den Ausruf: »Hör auf!«, holt den in Rage geratenen
Bräutigam vom Trittbrett des Lkw und bringt ihn wieder
zur Feier.

Der verprügelte Kollege geht zum Dispatcher, sagt die
Tour ab und begibt sich nach Hause. Seine Frau ist entsetzt:

zerrissenes Shirt, verbogene Brille, geschwollene Nase. Sie bringt ihn zur Notaufnahme. Die Ärzte diagnostizieren Schädelhirntrauma und Nasenbeinfraktur. Er wird nach einer Operation noch drei Tage stationär behandelt und erhält dann eine ambulante Nachsorge.

Für den Bräutigam ist mit diesem Vorfall sein Job in der Speditionsfirma beendet, er bezieht jetzt Arbeitslosengeld.

Die verhängte Freiheitsstrafe von neun Monaten wird für zwei Jahre zur Bewährung ausgesetzt. Als Auflage hat Tilo R. 80 Stunden gemeinnütziger Arbeit zu leisten.

KAMPFSPORTLER RASTET IM FREIZEITBAD AUS

Groß, schlank und durchtrainiert erschien Heiko S. am 14. Dezember 2006 im Justizzentrum Jena. Vollzugsbeamte durchsuchten ihn vor der Verhandlung und blieben auch während des Verfahrens im Saal. Diese Maßnahme wurde angeordnet, weil Heiko bei einem zurückliegenden Verfahren ziemlich ausgerastet war. Nun saß er wieder wegen »schlagkräftiger« Straftaten auf der Sünderbank.

Die Staatsanwaltschaft legte dem 28jährigen Angeklagten zur Last, am 8. September 2005 an der Rabeninsel in Porstendorf den Betreiber des Freizeitbades derart Schläge und Tritte verpaßt zu haben, so daß dieser Platzwunden und Prellungen davon trug.

»Ich sah aus, als hätte ich die dreizehnte Boxrunde hinter mir; Axel Schulz wäre nichts dagegen gewesen«, beschrieb der Betreiber des Bades seine Blessuren.

Der Angeklagte sah die Sache nicht so dramatisch: »Ich wollte mit meiner Freundin baden gehen. Die Kasse am

Eingang war nicht besetzt; da sind wir so hineingegangen. Jemand lief uns hinterher; es kam zum Wortwechsel. Er beleidigte meine Freundin; da habe ich ihm einen Schlag versetzt.«

Der Geschädigte schilderte die Begegnung etwas genauer: Ja, die Kasse war kurzzeitig nicht besetzt, weil die Aushilfe mit einer Campinganmeldung zu tun hatte. Er habe die beiden durch den Eingang gehen sehen, sei ihnen gefolgt und habe gerufen: »Darf ich Sie um Ihren Eintritt bitten?« Der Mann habe sich vor ihm aufgebaut und von oben herab gefragt: »Du weißt wohl nicht, wer ich bin?« Dann habe dieser ihn mehrmals ins Gesicht geschlagen und ihm wie beim Kickboxen Tritte verpaßt.

Der Angeklagte bestritt, den am Boden Liegenden noch getreten zu haben: »Ich habe mich auf ihn drauf gekniet, den Kopf hochgezogen und ihn gefragt, ob es reiche.«

Für diese vorsätzliche Körperverletzung erhielt Heiko S. eine elfmonatige Freiheitsstrafe, ausgesetzt auf drei Jahre zur Bewährung. Dem Kampfsportler wurde die Absolvierung eines Antiaggressionstrainings empfohlen.

TEUFEL ALKOHOL

Verwirrend wie die bunten Farbkleckse auf dem Gemälde an der Rückseite des Sitzungssaales 334 im Amtsgericht Jena waren die widersprüchlichen Aussagen der beiden Angeklagten und etlicher Zeugen in der Hauptverhandlung am 8. April 1998.

Wurde die Wohnungstür eingetreten oder gab sie beim starken Klopfen nach, weil sie, wie ein Zeuge sagte, schon sehr »lawede« war? Verlangten die Angeklagten von ihrem

Opfer, welches sie geschlagen hatten, die Herausgabe von Geld oder ist diese Behauptung frei erfunden? War es räuberische Erpressung oder nicht? Kann man eine verminderte Schuldfähigkeit in Betracht ziehen, weil durch die Wirkung des genossenen Alkohols die »Steuerungs- und Einsichtsfähigkeit aufgehoben« war?

Diese Fragen hatte das Schöffengericht mit dem Vorsitzenden Richter Frank Hovemann in einem Strafverfahren zu klären.

Was war geschehen? Die beiden Angeklagten, Rolf D. und Tobias W., 23 und 25 Jahre alt, waren am Nachmittag des 24. Mai 1997 stark alkoholisiert aus dem »Biereck« gekommen und hatten in der Ernst-Schneller-Straße mit einem dort aus dem Fenster schauenden Mann einen heftigen Disput. Über dessen Inhalt gibt es unterschiedliche Angaben: »Guck dir da den Schwulen an! – He, Schwuler!« »Laßt mich doch in Ruhe, ihr Nazischweine, ihr Wichser!«

Durch die Schimpfworte angestachelt und durch den Alkohol enthemmt, betraten die beiden das Haus, stiegen die Treppen hinauf und pochten kräftig gegen die Tür. Diese hielt den Druck nicht lange aus und schon standen sich die Streithähne Aug' in Aug' gegenüber: zwei junge, kräftige Burschen gegen einen schmächtigen 46jährigen Invaliden. Sie schlugen ihn, beide mit der flachen Hand, bestritten aber vehement, von ihrem Opfer Geld verlangt zu haben. Dieser Punkt blieb ungeklärt: »in dubio pro reo – im Zweifel für den Angeklagten«.

Das Strafmaß für die beiden jungen Männer war sehr differenziert.

Rolf D. hatte sich noch mehr zuschulden kommen lassen: Am 6. August 1997 fuhr er angetrunken ohne Fahrerlaubnis mit einem nicht versicherten Auto. Am 19. September 1997 pinkelte er im Vollrausch (3,81 Promille Alkohol im Blut) in der REWE-Kaufhalle in einen Eimer mit abgestellten Schirmen. Dann versuchte er, mehrere Zigarettenschachteln unter sein T-Shirt zu stecken. Da diese jedoch wieder heraus fielen, nahm er sich ein paar Tüten und packte noch »Jägermeister« und »Kümmerlinge« hinzu (Wert rund 400 DM). Er wehrte sich handgreiflich, als ihm die Waren wieder abgenommen wurden; würgte die Leiterin der Kaufhalle und schlug ihrer Angestellten ins Gesicht.

Da Rolf D. kurz vor diesen beiden Straftaten wegen Körperverletzung auf Bewährung verurteilt worden war – diese läuft noch – verhängte nun das Gericht eine Freiheitsstrafe – ohne Bewährung. Der Angeklagte muß also für die Zeit von einem Jahr und sechs Monaten ins Gefängnis. Damit blieb das Strafmaß um sieben Monate unter der Forderung des Staatsanwaltes, weil eine räuberische Erpressung des geschlagenen Zeugen nicht nachgewiesen werden konnte. Außerdem beschloß das Gericht eine Sperrfrist von 18 Monaten, in der dem Angeklagten keine Fahrerlaubnis erteilt werden dürfe.

Glimpflicher fiel das Strafmaß bei Tobias W. aus: Der Staatsanwalt beantragte zwar eine Freiheitsstrafe von sechs Monaten, doch das Gericht entschied auf eine Geldstrafe von 90 Tagessätzen zu je 50 DM. Dieses Urteil wurde mit Erleichterung aufgenommen. Tobias hatte sich bisher nichts zuschulden kommen lassen und bereute seine Tat aufrichtig.

BUSFAHRER
BESPUCKT UND GESCHLAGEN

Vor dem Schöffengericht beim Amtsgericht Jena mußte sich am 11. Januar 2017 Marco H. wegen mehrerer Straftaten verantworten. Die Staatsanwaltschaft legte dem zehnfach vorbelasteten 32jährigen Angeklagten gemeinschaftlich begangene gefährliche Körperverletzung in Tateinheit mit Beleidigung sowie räuberischen Diebstahl zur Last.

Marco H. war am Abend des 2. Mai 2016 in Jena mit dem Bus unterwegs. Zugedröhnt und alkoholisiert verpaßte er den Ausstieg an der gewünschten Haltestelle. Zusammen mit seiner Freundin wollte er trotzdem noch aussteigen und ging deshalb den Busfahrer an. Nach verbalen Attacken beleidigte er diesen, spuckte ihn an und schlug ihn mehrmals ins Gesicht; so daß sein Opfer mit Nasenbeinbruch und Verdacht auf Gehirnerschütterung in die Notaufnahme gebracht werden mußte und noch drei Wochen eine »Gipsnase« zu tragen hatte.

Zu diesem führenden Verfahren wurden noch weitere unerledigte Fälle zur gemeinsamen Verhandlung hinzu verbunden. So hatte der Angeklagte in verschiedenen Jenaer Einkaufsmärkten Lebensmittel, Getränke und Zigaretten gestohlen. Am 21. April 2016 sprach ihn nach einem Diebstahl ein Ladendetektiv an. Marco H. drohte ihm mit den Worten: »Wenn du meinen Rucksack anfasst, mache ich dich platt.« Diese Straftat wurde ihm nun bei Gericht als räuberischer Diebstahl angelastet.

Nach einem Gespräch mit den Juristen über eine Verständigung einigten sich die Prozeßbeteiligten auf einen Strafrahmen von drei Jahren bis drei Jahre plus vier Monate.

Bedingung dafür war die Zusage einer geständigen Einlassung. Diese gab der Angeklagte über seinen Verteidiger ab.

So verhängte am Ende der Verhandlung das Schöffengericht mit dem Vorsitzenden Richter Frank Hovemann gegen Marco H. eine Freiheitsstrafe von drei Jahren und einem Monat.

Marco, der laut Urteil vom 22. Juni 2016 wegen Körperverletzung, Raub und Verstoß gegen das Betäubungsmittelgesetz schon eine Strafe von zweieinhalb Jahren absitzen muß, hat nun neben der Haftverlängerung auch die Verfahrenskosten sowie die Auslagen und die Kosten des Nebenklägers seines Opfers, des 56jährigen Busfahrers, zu tragen.

HEIMBEWOHNERIN ZU HEISS GEDUSCHT

Stell das Wasser heißer und laß die Else tanzen«, soll der 27jährige Pfleger Theo B. am 8. Januar 2005 zur Sozialassistentin Conny gesagt haben. Die 79jährge demenzkranke Bewohnerin eines Jenaer Seniorenheimes erlitt am Abend dieses Tages Verbrennungen zweiten Grades und Theo mußte sich nun am 4. Juli 2006 vor dem Amtsgericht Jena wegen fahrlässiger Körperverletzung verantworten.

Der Angeklagte bestritt den Tatvorwurf: Die Heimbewohnerin habe Durchfall gehabt und sei gemeinsam von ihm und Conny ins Bad gebracht und entkleidet worden. Während er die verschmutzte Wäsche entsorgte und den Flur gereinigt habe, sei die Bewohnerin von Conny abgeduscht worden. Als er ins Bad kam, wäre der Duschvorgang schon beendet gewesen. Conny habe bei der Bewohnerin Hautrötungen entdeckt und die Stellen mit Wundsalbe eingerieben, da die Ursache dafür im Durchfall gesehen wurde. Daß es Verbrühungen waren, habe erst die Nachtschicht festgestellt und eine Einlieferung ins Nothilfezentrum veranlaßt.

Conny bestätigte als Zeugin vor Gericht das Durchfallproblem der Heiminsassin, erklärte jedoch, der Angeklagte sei beim Abduschen der alten Dame dabei gewesen. Er habe sie aufgefordert, das Wasser heißer einzustellen, und weil sie das nicht tat, habe er ihr die Brause aus der Hand genommen und die Bewohnerin im Intimbereich abgeduscht. Die alte Dame hätte gestöhnt und das Bein gehoben. Da habe sie Theo die Brause entrissen, gemerkt, daß das Wasser zu heiß war, und die Dusche abgestellt.

In der Beweisaufnahme war nun zu klären, ob das Wasser absichtlich heißer gestellt wurde.

Richter Dr. Gerhard Litterst-Tiganele ließ sich anhand von Fotos die genauen Positionen der beim Duschvorgang anwesenden Personen schildern. Er stellte dabei fest, daß der Angeklagte gar nicht an den Hebel der Mischbatterie hätte reichen können.

Er stellte die Frage, wieso das Wasser zu heiß gewesen sei, wenn doch zuvor die Pflegeassistentin eine angenehme Temperatur zum Duschen eingestellt habe. Conny berichtete, es sei schon öfter passiert, daß das Wasser ohne jedes Zutun ganz plötzlich heißer geworden wäre. Im Heim seien diese Temperaturschwankungen allgemein bekannt. Mehrmals im Jahr würde für ein paar Wochen das Wasser heißer eingestellt, um die Rohre zu entkeimen.

Theo B. beteuerte, nichts davon gewußt zu haben. Doch diese Behauptung nahm ihm der Richter nicht ab: Der Angeklagte hätte die Wassertemperatur permanent kontrollieren müssen, zumal die Heimbewohnerin beim Duschen

Schmerzenslaute äußerte. Damit habe er seine Sorgfaltspflichten verletzt.

Nach einem Rechtsgespräch mit Staatsanwalt und Verteidiger verkündete der Richter den Gerichtsbeschluß: Das Verfahren gegen den Angeklagten wird nach § 153a StPO (Strafprozeßordnung) mit einer Geldauflage vorläufig eingestellt. Wenn Theo B. binnen drei Monaten 1.200 Euro an die gemeinnützige Einrichtung »Elterninitiative für das seelisch erkrankte und verhaltensauffällige Kind Thüringen e.V.« eingezahlt hat, wird seine Strafakte endgültig geschlossen.

THERAPEUTIN GEWÜRGT UND EXFREUNDIN BEDROHT

Ich bringe dich einen Meter tief unter die Erde und deine Tochter oben drauf«, soll Hagen S. Anfang Mai vorigen Jahres zur Mutter seiner Exfreundin gesagt haben. Wegen dieser Bedrohung und zwei Körperverletzungen mußte sich nun der 52jährige im Juli 2006 vor Gericht verantworten.

Hagen S. hatte schon neun Einträge im Bundeszentralregister zu Buche stehen: von einer Verurteilung wegen Totschlags 1992 bis zu Körperverletzungen und Betrug im Jahr 2000.

Nun legte ihm die Staatsanwaltschaft zur Last, während eines Grillabends im April 2005 seine damalige Freundin getreten und geschlagen zu haben. Daraufhin sei ihm in einem Beschluß des Familiengerichtes untersagt worden, sich in einem Abstand von weniger als 60 Metern der Geschädigten zu nähern.

Hinzu kam der Vorwurf einer vorsätzlichen Körperverletzung in einem weiteren Verfahren: Hagen S. habe im Januar 2006 eine Sozialpädagogin, die sich bei einem Betreuten in der Wohnanlage »Am Herrenberg« aufhielt, in sein Zimmer gelockt, um ihr Gewalt anzutun.

Die Geschädigte schilderte den Vorfall, wegen dessen Folgen sie sich immer noch in therapeutischer Behandlung befindet: Hagen S. habe sie zu Fragen der Betreuung um ein Gespräch gebeten. Er habe ihr unter anderem auch das Gerichtsurteil wegen Totschlags seiner ersten Ehefrau gezeigt. Als sie noch beim Lesen gewesen sei, habe er sich mit einer Krücke in den Händen hinter sie gestellt und ihr diese an den Hals legen wollen. Sie hätte das aber abwehren können. Dann habe er mit einer Hand in ihre Haare gegriffen und mit der anderen Hand den Pulloverkragen so stark gedreht, daß Würgestriemen am Hals entstanden. Sie habe in seinen rechten Unterarm gebissen und sich befreien können.

Richterin Wilma Göritz verhängte für diese Tat eine Einzelstrafe von einem Jahr und zwei Monaten. Insgesamt verurteilte sie den Angeklagten wegen vorsätzlicher Körperverletzung in zwei Fällen und Bedrohung zu einer Freiheitsstrafe von zwei Jahren und zwei Monaten, die Hagen S. nun absitzen muß.

FAMILIENTRAGÖDIE AUF DEM BAUERNHOF

Ich bin durch meinen Vater gereizt worden. Er hat mich mit einem Stock geschlagen und mich beschimpft. Da habe ich zu meiner Frau gesagt: Jetzt kriegt er den Wanst voll«, erläuterte Lorenz R. die Gründe für seine Tat. Der 43jährige mußte sich am 19. August 1998 vor dem Schöffengericht beim Amtsgericht Jena wegen gefährlicher Körperverletzung verantworten.

Die Beweisaufnahme ergab folgendes Bild des Geschehens: Schon als Kind wurde Lorenz, wie auch seine beiden Brüder, vom jähzornigen Vater mit einem breiten Lederriemen verprügelt. »Er hat mich geschlagen, obwohl ich immer alles gemacht habe, was er wollte«, berichtete Lorenz. Jahrelang stauten sich die Konflikte in der Familie auf, bis am 15. April 1997 ein geringfügiger Anlaß das Faß zum Überlaufen brachte. Lorenz – durch sechs Flaschen Bier schon etwas alkoholisiert – fragte seinen Vater, ob dieser sich an den Dachreparaturkosten des gemeinsamen Gehöfts in Walpernhain beteiligen würde.

»Da ist er ausgerastet, schlug mit einem Besenstiel auf mich ein und schrie: ›Ihr kriegt nichts mehr von mir, ihr Verbrecher‹. Ich holte einen Gummischlauch und schlug damit meinen Vater, der mit seiner Beinprothese gestolpert war und am Boden lag. Bei jedem Schlag habe ich ihm gesagt, wofür er diesen bekommt – es waren 15 Schläge auf den Kopf, die Oberarme und Schultern. Er hat an den Ohren geblutet; da habe ich ihn ins Waschhaus geschleppt und ihn dort mit Wasser abgespritzt. Meine Frau hat den Notarzt gerufen und die Polizei informiert.«

Der 77jährige Vater, nach der Tat auf der Intensivstation behandelt, erlitt Folgeschäden; besonders seine Sprachstörungen machen eine bleibende Betreuung notwendig.

Das Gericht verhängte gegen Lorenz R. eine sechsmonatige Freiheitsstrafe, ausgesetzt auf zwei Jahre zur Bewährung. Der Vorsitzende Richter Frank Hovemann begründete das Urteil: Beim Angeklagten mit einem bisher unbescholtenen Lebenswandel werde wegen seiner chronischen seelischen Erkrankung eine verminderte Schuldfähigkeit berücksichtigt. Seine aufrichtige Reue läßt hoffen, daß sich solches nicht wiederholen wird.

MARTYRIUM FÜR EINE MUTTER

Ein selten hohes Strafmaß von sechseinhalb Jahren verhängte das Jugendschöffengericht beim Amtsgericht Jena am 19. Januar 2006 gegen den 23jährigen Mike H. wegen räuberischer Erpressung, versuchten Betruges und gemeinsam begangener Nötigung.

Dem schweigsamen jungen Mann mit den kurz geschorenen Haaren traute man die ihm vorgeworfenen brutalen Aktionen gar nicht zu: Er soll seine eigene Mutter unter Gewaltandrohung zur Herausgabe von Bargeld gezwungen haben. Dabei sei es des öfteren vorgekommen, daß er sie mit der flachen Hand oder mit der Faust ins Gesicht schlug, sie gegen die Möbel stieß, sie einmal sogar mit dem Oberkörper aus dem Fenster der Wohnung im dritten Stock drückte und ihr drohte, sie hinunterzustoßen.

Dieses Martyrium – so Staatsanwältin Waltraud Adelhardt – habe von Juli 2004 ein ganzes Jahr gedauert, bis die Mutter es nicht mehr aushielt und ihn anzeigte. Die Staatsanwältin errechnete für diesen Zeitraum 143 Fälle, in denen Mike von seiner Mutter Beträge von 50 bis 100 Euro, insgesamt rund 9.800 Euro erpreßte. Hinzu kamen noch über 5.000 Euro, die er sich mit der abverlangten EC-Karte der Mutter unrechtmäßig aneignete.

Beschämt gab der Angeklagte die ihm vorgeworfenen Straftaten zu. Er begründete seine finanziellen Probleme damit, daß er Geld brauchte, um seine Freundin, mit der er eine gemeinsame Tochter hat, aus dem Rotlichtmilieu freizukaufen. Hier wäre sie »gewerblich tätig« geworden, als er schon einmal im Knast saß.

Mike hatte bereits sechs Einträge in seinem »Sündenregister«. Bei der letzten Verurteilung vor dem Landgericht Gera erhielt er eine Strafe von zwei Jahren und vier Monaten. Diese wurde im jetzigen Verfahren mit einbezogen, zusammen mit der Ahndung noch weiterer Vergehen: versuchter Betrug und gemeinsam begangene Nötigung. So hat Mike H. nun insgesamt sechs Jahre und sechs Monate hinter Gitter zu verbringen.

Der Vorsitzende Richter Detlef Kleßen empfahl Mike, in dieser Zeit eine Berufsausbildung zu absolvieren und das Verhältnis zu seinen Eltern wieder in Ordnung zu bringen.

VERMEINTLICHEN NEBENBUHLER BRUTAL GETRETEN

Das war für mich sehr erschütternd, diese unglaubliche Aggressivität«, äußert Staatsanwalt Rainer Leicht während seines Plädoyers am 25. Februar 2015 in der Verhandlung vor dem Schöffengericht beim Amtsgericht Jena gegen Nico T. Er fordert wegen vorsätzlicher und gefährlicher Körperverletzung eine Freiheitsstrafe von drei Jahren und elf Monaten. Der 28jährige Angeklagte habe in der Nacht zum 28. Juli 2014 seiner ehemaligen Freundin mindestens sechs Mal ins Gesicht geschlagen und sie gegen die Hauswand gestoßen sowie am anderen Tag den vermeintlichen Nebenbuhler, der von ihr zu Hilfe gerufen wurde, aus Eifersucht brutal zusammengetreten.

Bei der Darstellung der Verletzungsfolgen bezieht sich der Staatsanwalt auf den Arztbrief der Jenaer Universitätsklinik für Mund-, Kiefer- und Gesichtschirurgie sowie auf die Aussagen des Geschädigten: Durch die massive Zertrümmerung des Gesichtsschädels hätten bei der plastischen Rekonstruktion vier Platten und über 30 Schrauben eingesetzt werden müssen. Es bestehe noch die Gefahr der Netzhautablösung. Das Opfer, das vor der Tat als Maurer in Österreich gearbeitet habe, sei immer noch arbeitsunfähig und erhalte jetzt Leistungen nach Hartz-IV.

Der Angeklagte entschuldigt sich im Gerichtssaal bei dem Mann, den er so grausam mißhandelt hatte. Sein Verteidiger plädiert für ein geringeres Strafmaß: sein Mandant sei wegen einer Suchtproblematik zur Tatzeit nicht voll schuldfähig gewesen.

Das Gericht berücksichtigt bei Nico T. eine verminderte Schuldfähigkeit und verhängt gegen ihn eine Freiheitsstrafe von drei Jahren und sechs Monaten.

Auch wenn der Angeklagte seit seinem 14. Lebensjahr die schnell süchtig machende Droge Crystal konsumiere, so der Vorsitzende Richter Frank Hovemann, führe seine Rauschmittelabhängigkeit nicht zum Schuldausschluß. Er empfiehlt Nico, sich aus der Haft heraus um eine Therapie in einem Fachkrankenhaus zu bemühen.

WIE IM WAHN
MIT DEM KÜCHENMESSER ZUGESTOCHEN

Der jungen, attraktiven Frau mit den langen, schwarzen Haaren, die ihrem im Saal anwesenden neuen Gefährten verstohlen zulächelte, traute man eine Gewalttätigkeit gar nicht zu. Und doch mußte sie sich im Juli 2006 vor dem Jugendschöffengericht wegen gefährlicher Körperverletzung verantworten. Die 19jährige Sarah S. hatte am 11. Dezember 2005 ihrem damaligen Freund Marcus während eines Streites zuerst eine Gabel in die Schulter gerammt und dann mit dem Küchenmesser zugestochen.

Sie habe wie im Wahn gehandelt, schilderte sie später einem medizinischen Sachverständigen ihre lückenhaften Erinnerungen. Erst als sie die blutende Wunde sah, sei ihr bewußt geworden, was sie angerichtet hatte. Es tat ihr furchtbar leid, sie weinte und beide umarmten sich. Dann legte sie ihrem Freund ein angefeuchtetes Tuch auf die Schulter und rief den Notarzt an.

Ein Beamter der Polizeiinspektion Eisenberg, der erst zum Tatort kam, als ihr Freund schon ins Krankenhaus gebracht worden war, stellte bei Sarah Alkoholgeruch fest und veranlaßte einen entsprechenden Test mit dem Ergebnis: 1,87 Promille Blutalkoholkonzentration.

Durch den Alkoholkonsum der Angeklagten sei bei ihr die Hemmschwelle für eine Straftat gesunken, erläuterte der Sachverständige. Es habe eine kurzzeitige tiefgreifende Bewußtseins- und Impulskontrollstörung durch einen außergewöhnlichen Affekt vorgelegen. Deshalb sei nach § 21 Strafgesetzbuch von einer verminderten Schuldfähigkeit auszugehen. Da bei Sarah S. ein multiples Abhängigkeitssyndrom stationär behandelt werden müßte, wäre nach § 64 StGB die Unterbringung in einer Entziehungsanstalt gegeben. Die Anordnung dieser Maßnahme könne jedoch zur Bewährung ausgesetzt werden, da die Angeklagte ihr Interesse an einer freiwilligen stationären Entwöhnung bekundet habe.

Staatsanwaltschaft und Gericht folgten diesen Empfehlungen des Sachverständigen.

Auf Grund der Schwere der Tat forderte der Staatsanwalt für Sarah S. eine Jugendstrafe von einem Jahr und zehn Monaten mit einer Bewährungszeit von zwei Jahren.

Das Gericht verurteilte die Angeklagte zu einem Jahr und drei Monaten und setzte diese Strafe auf zwei Jahre zur Bewährung aus. Als Auflage erhielt Sarah die Weisung, eine stationäre Alkohol- und Drogenlangzeittherapie zu absolvieren.

Der Vorsitzende Richter Andreas Piller erläuterte die Entscheidung des Gerichts: Auch wenn diese spontane Tat im Affekt geschehen sei, könne man sie nicht als »pubertären Ausrutscher« sehen, wie das der Verteidiger zu bagatellisieren versucht habe. Wegen des Vorliegens schädlicher Neigungen war eine Jugendstrafe zu verhängen. Und da der Hang bestehe, unter Alkohol aggressiv zu werden, waren die Voraussetzungen für die Unterbringung in einer Entziehungsanstalt gegeben.

Die Vollstreckung dieser Anordnung sei zur Bewährung ausgesetzt worden, da durch die Jugendgerichtshilfe eine positive Sozialprognose gestellt wurde: Sarah habe den festen Willen, ihr Leben zu ändern und sich stationär behandeln zu lassen. Mit ihrem neuen Freund, von dem sie jetzt schwanger ist, habe sie eine gemeinsame Zukunft geplant.

MESSERSTECHERIN
MUSS 15 MONATE INS GEFÄNGNIS

Der kleinen molligen Frau, die da mit Handschellen in den Gerichtssaal geführt wurde, traute man eine rabiate Messerstecherei gar nicht zu. Und doch mußte sich die 26jährige Petra R. am 16. Januar 2002 im Amtsgericht Jena wegen gefährlicher Körperverletzung verantworten. Sie hatte in Eisenberg gleich zwei Straftaten an einem Tag, dem 7. September 2001, begangen.

Der Morgen dieses Tages begann für Petra mit Frust: Müde von einer Nachtschicht traf sie bei ihrem Freund ein, um ihn verabredungsgemäß zu einer Anhörung zu fahren. Doch der hatte es sich anders überlegt; und sie war sauer, umsonst gekommen zu sein.

»Als ich zu meinem Auto zurückging, quatschte mich einer von der Seite an, ich hätte die Baustelleneinfahrt zugeparkt. Ich dachte, der will mir was antun; da habe ich das Messer gezückt.«

Der attackierte Polier berichtete, die aggressive Frau habe aus der Hüfte heraus auf seinen Bauch gezielt. Nur durch schnelles Ausweichen hätte er sich retten können. Ein Lkw-Fahrer hatte das Ganze im Rückspiegel seines Transporters beobachtet: »Der Polier war nachher ganz blaß und hat gezittert; er hat wohl einen Schock erlitten und wurde ins Krankenhaus gebracht.«

Petra war inzwischen weggefahren, traf sich aber nachmittags mit ihrem Freund, um an einem Zechgelage teilzunehmen. Als ihr am Abend davon übel wurde, ging sie raus, um frische Luft zu schnappen. Ob sie sich nun aus Versehen gegen einen Klingelknopf am Nachbarhaus lehnte oder ob sie absichtlich Sturm läutete – der so Gestörte trat ärgerlich vor die Tür. »Hör auf mit dem Unsinn!« habe er zu ihr gesagt, doch sie hätte »du alter Wichser« geantwortet und mit ihrem Messer den schützend vorgehaltenen Unterarm verletzt.

Nach einem gerichtsmedizinischen Gutachten, in welchem Petra R. hohe Gewaltbereitschaft attestiert wurde, verurteilte das Schöffengericht die Angeklagte zu 15 Monaten Freiheitsstrafe – ohne Bewährung.

OPFER IN DER BADEWANNE GEQUÄLT UND MISSHANDELT

Ich habe ›Opa‹ nichts getan! Hatte ja selber riesige Angst, als ich ihn aus dem Bad schreien hörte«, beteuerte der 39jährige Udo B. seine Unschuld. Zusammen mit drei weiteren Angeklagten, dem 24jährigen Mario M. und den 25- bzw. 24jährigen Brüdern Falko und Reiner L. mußte er sich in einer viertägigen Verhandlung des Schöffengerichts beim Amtsgericht Jena wegen gefährlicher Körperverletzung verantworten.

Den mit Spitznamen »Opa« bezeichneten Kumpel habe er in seiner Wohnung in der Ernst-Schneller-Straße aufgenommen und mit ihm schon einiges getrunken, als die drei Mitangeklagten am Abend des 22. November 2001 aufgetaucht seien, berichtete Udo. Einer habe eine Schreckschußpistole besessen und damit herumgeballert. Zunächst hätten sie mit der Schermaschine seinen Hund geärgert, dann sei »Opa« zur Aral-Tankstelle gejagt worden, um Bier zu holen. Weil er angeblich das Restgeld unterschlagen habe, hätten sie ihn ausgezogen und ins Bad geschleift.

»Die haben mir alles Mögliche über den Kopf geschüttet: Rasierwasser, Parfum, Benzin, Waschmittel; mich eingeseift und mir die Haare geschoren. Es hat höllisch gebrannt – wie Feuer. Die Augen waren voller Schaum, ich konnte nichts mehr sehen. Dann wurde die Dusche aufgedreht, mal ganz heiß und dann wieder ganz kalt«, schilderte der 61jährige die erlittenen Torturen. Mit einem nassen Handtuch geschlagen und den ganzen Kopf voll schwarzer Schuhcreme, sei er einem weiteren Hausbewohner vorgeführt worden. Auch mußte er auf dem Fußboden kriechen und verschiedene Tiere nachahmen, zum Beispiel wie eine Schlange zischen. Aus Angst vor den Drohungen seiner Peiniger, sie würden ihn von der Mafia im Wald verscharren lassen, wenn er zur Polizei ginge, habe er nichts unternommen. Sein Kumpel Udo, der sich an den sadistischen Quälereien nicht beteiligt habe, hätte dann am nächsten Tag die Betreuerin informiert.

Diese beschrieb dem Gericht ihre Eindrücke: Nach dem Anruf durch einen Mitbewohner ihres Betreuten habe sie diesen in einem besorgniserregenden Zustand angetroffen. »Er saß da, zitternd, kurz geschoren, mit Schnittwunden, Hämatomen und blutunterlaufenem Auge. Er war vollkommen fertig und wollte sich aus dem Fenster stürzen. Da habe ich die Polizei angerufen und ihn ins Nothilfezentrum gebracht.«

Die Staatsanwältin sah durch die Beweisaufnahme den Vorwurf der gemeinschaftlich begangenen schweren Körperverletzung mittels eines hinterlistigen Überfalls und eines gefährlichen Werkzeugs gegen drei der Angeklagten bestätigt. Das Opfer sei von diesen in äußerst herabwürdigender Weise malträtiert worden. Sie forderte für die beiden einschlägig vorbestraften Brüder eine Freiheitsstrafe von je drei Jahren, und für Mario, der sich noch wegen einer weiteren Körperverletzung verantworten mußte, dreieinhalb Jahre. Für den angeklagten Wohnungsinhaber Udo, der sich an dem Martyrium nicht beteiligt habe, plädierte sie auf Freispruch. Die Verteidiger beantragten wesentlich geringere Strafen.

Das Gericht mit dem Vorsitzenden Richter Frank Hovemann sprach Udo B. frei. Reiner und Falko L. bleiben für drei Jahre bzw. drei Jahre und zwei Monate, Mario M. für drei Jahre und zehn Monate weiter in Haft.

FRAU AM BODEN GETRETEN UND DIE HANDTASCHE GERAUBT

Am 30. November 2015, 22:30 Uhr: Eine Medizinisch-Technische Assistentin kommt von der Spätschicht aus der Klinik. Am Löbdergraben hat sie keinen direkten Anschluß mit einem Fahrzeug des Jenaer Nahverkehrs und beschließt, den Heimweg zu Fuß fortzusetzen. Im Durchgang zur Tonnenmühle nähert sich ihr von hinten ein junger Mann und versucht, ihr die Handtasche zu entreißen. Sie hält diese ganz fest und stürzt dadurch zu Boden. Der Räuber will in den Besitz der Tasche kommen und versetzt seinem Opfer Fußtritte: gegen den Arm, gegen den Kopf. Die 63jährige Frau läßt die Griffe los und der Täter flüchtet mit der Beute.

Nun muß sich Martin B. vor dem Schöffengericht beim Amtsgericht Jena wegen seiner Straftat verantworten. Die Staatsanwaltschaft legt dem 26jährigen Angeklagten Raub in Tateinheit mit gefährlicher Körperverletzung zur Last.

Verteidiger Rechtsanwalt Markus Rysch bestreitet zwar nicht, daß sein Mandant einen Raub begangen habe, schätzt aber die Einstufung als gefährliche Körperverletzung für nicht gegeben ein. Die als Tatwerkzeug bezeichneten Schuhe seien Laufschuhe mit einer weichen Gummisohle gewesen; auch habe die Geschädigte keine bleibenden Verletzungsfolgen davongetragen. Weiterhin sei zu berücksichtigen, daß Martin B. zur Tatzeit unter Alkohol- und Drogeneinfluß gestanden habe.

Der Angeklagte selbst bedauert seine Tat und entschuldigt sich im Gerichtssaal bei der Geschädigten. Er habe keine Erklärung für sein Tun. Es sei wohl aus Frust über die Beendigung seines befristeten Arbeitsverhältnisses gewesen. Die Staatsanwältin räumt zwar ein, aufgrund der 1,74 Promille Blutalkoholkonzentration und des Cannabiskonsums hätten die Voraussetzungen für § 21 Strafgesetzbuch (verminderte Schuldfähigkeit) vorgelegen, wegen der Art und Weise der Tatbegehung sei sie jedoch gegen eine Strafrahmenverschiebung. Sie fordert ein Jahr und sechs Monate Freiheitsstrafe auf Bewährung.

Der Verteidiger hält in seinem Plädoyer ein Jahr für ausreichend.

Das Gericht mit dem Vorsitzenden Richter Frank Hovemann befindet Martin B. schuldig des Raubes tateinheitlich mit vorsätzlicher Körperverletzung, begangen im Zustand verminderter Schuldfähigkeit.

Es verurteilt den Angeklagten zu einem Jahr und vier Monaten und setzt diese Freiheitsstrafe für drei Jahre zur Bewährung aus. Als Auflage hat Martin B. im ersten Jahr vier Drogenscreenings zu absolvieren, die ambulante Suchtberatung fortzusetzen und binnen zehn Monaten 500 Euro Schmerzensgeld an die Geschädigte zu zahlen.

Anmerkung der OTZ-Lokalredaktion Jena

In seiner Kolumne schreibt der Leiter der Lokalredaktion der Ostthüringer Zeitung, Lutz Prager, am 7. April 2016 unter dem Titel »Wer nicht hört, muß fühlen«: »Eine 63jährige Krankenschwester, die nach der Spätschicht im Uniklinikum Lobeda von der Straßenbahnhaltestelle nach Hause läuft, wird am Steinweg überfallen. Ein junger Mann will ihr die Handtasche rauben. Sie wehrt sich und geht zu Boden. Statt von ihr abzulassen, tritt der Täter die auf dem Fußweg liegende Frau mit den Füßen gegen den Körper und gegen den Kopf, bis sie die Tasche los läßt. Ein Alptraum für das Opfer.

Diese Woche mußte sich nun der 26jährige Täter aus Jena, den die Polizei damals noch in der selben Nacht gefaßt hatte, vor Gericht verantworten. Das Urteil: 16 Monate Haft, allerdings ausgesetzt zur Bewährung. Strafmildernd wirkte sich aus, daß der junge Mann zuvor ordentlich einen gekippt und dazu Cannabis geraucht hatte. Ein sehr mildes Urteil, denn um sich sein Opfer auszusuchen und mit Vorsatz einen Handtaschenraub zu begehen, war der junge Mann ja offenbar nicht zu bekifft.

Nun bin ich zwar nicht der Meinung, daß Gefängnisse aus Straßenräubern bessere Menschen machen, doch eine Bewährungsstrafe ist für mein Rechtsempfinden einer solchen Raubstraftat mit Körperverletzung nicht angemessen.«

6. Kapitel

BRANDSTIFTUNG

Gebrauch und Beherrschung des Feuers waren wesentliche Schritte der Menschwerdung. »Wohltätig ist des Feuers Macht, wenn sie der Mensch bezähmt, bewacht«, heißt es in Schillers »Lied von der Glocke«. Doch wehe, wenn diese Macht mißbraucht wird. Aus der Geschichte der Menschheit gibt es dafür leidvolle Berichte.

Das Amtsgericht Jena und das Landgericht Gera hatten sich mit dem Thema »Brandstiftung« mehrere Male zu beschäftigen.

Deprimiert über abfällige Äußerungen auf Arbeit zündelte ein 34jähriger. *(Aus Frust Autos in Brand gesetzt)*

Vom Lärm einer Feier genervt fühlte sich ein 35jähriger Anwohner. *(Studentenfete mit Brandsatz beendet)*

Eine 30jährige handelte aus Wut und Rachegefühl. *(Haus des Ex-Verlobten angezündet)*

Das Bett seines Zimmers entzündete völlig betrunken ein 22jähriger Gast. *(Hotelzimmer angebrannt)*

Verbittert über seine Entlassung wurde ein 27jähriger zum Brandstifter. *(Im Kuhstall Feuer gelegt)*

Ebenfalls Verärgerung über die Kündigung des früheren Arbeitsverhältnisses war das Motiv eines 29jährigen Angeklagten. *(Lagerhalle abgefackelt)*

Tragisch für ein Ehepaar endete der Brand in einem Wohn- und Geschäftshaus in Kahla. *(Tödlicher Leichtsinn im Asia-Imbiß)*

AUS FRUST
AUTOS IN BRAND GESETZT

Gestreßt von einem langen Arbeitstag und frustriert über die abfälligen Bemerkungen seines Chefs begab sich Arno C. in der Nacht zum 21. Oktober 2012 auf den Heimweg. Dabei kam er an einem geparkten Fiat vorbei. Spontan faßte er an den Griff der Beifahrertür und merkte, daß diese nicht verschlossen war. Er öffnete sie, nahm sein Gasfeuerzeug aus der Hosentasche und entzündete damit den Stoffbezug des Sitzes. Elf Wochen später, in der Nacht zum 9. Januar 2013, fand er wieder einen nicht verschlossenen Wagen und setzte ihn in Brand. Nun muß sich der 34jährige Angeklagte wegen zweifacher Brandstiftung vor dem Schöffengericht beim Amtsgericht Jena verantworten.

Arno schildert seinen Lebensweg: Mit 16 Jahren habe er angefangen, Drogen zu nehmen: Marihuana, LSD und Ecstasy, später dann Heroin und Kokain. Deshalb habe er auch seine Lehre als Koch abgebrochen, sei jedoch in diesem Beruf tätig gewesen. An einem Arbeitstag habe er zwei bis drei Liter Wein und eine Flasche Aperitif getrunken, auch an den beiden Tattagen.

Der Gutachter errechnet aus diesen Angaben mittlere Werte von 2,32 und 2,53 Promille Blutalkohol. Seine Einschätzung: Durch den Alkoholkonsum sei die Steuerungsfähigkeit beeinträchtigt gewesen. Dennoch habe Arno C. durchaus gewußt, was er tat.

Das Gericht berücksichtigt eine verminderte Schuldfähigkeit und verhängt eine Gesamtstrafe von 22 Monaten, die noch zur Bewährung ausgesetzt wird, da der Angeklagte bisher nicht einschlägig vorbestraft ist und die viermonatige Untersuchungshaft ihm sicher als Warnung diente. Auch habe Arno C. durch seine vollumfängliche Geständigkeit maßgeblich zur Aufklärung der Straftaten beigetragen, so die Begründung des Vorsitzenden Richters Frank Hovemann.

Als Bewährungsauflage erhält Arno C. die Weisung, sich in eine ambulante Suchtberatung zu begeben und binnen sechs Monaten 200 Stunden gemeinnützige Arbeit zu leisten.

STUDENTENFETE MIT BRANDSATZ BEENDET

Einen »heißen« Abschluß bescherte in Lobeda-West Fred M. einer Studentenfeier in einer lauen Sommernacht am 19. Juli 2004. Der 35jährige Kraftfahrer fühlte sich vom Lärm belästigt und warf einen selbstgebastelten Brandsatz auf den Balkon. Nun mußte er sich am 6. Oktober 2004 vor dem Schöffengericht beim Amtsgericht Jena wegen schwerer Brandstiftung verantworten.

Der Angeklagte war geständig: Ihn habe der Party-Lärm in der Nachbarschaft genervt. Wie er auf die Idee gekommen sei, einen Geschirrtuchfetzen mit Feuerzeugbenzin zu tränken und diesen in eine leere Bierflasche zu stecken, wisse er heute nicht mehr. Er habe sich vor den Balkon gestellt, auf dem Studenten rauchten und sich unterhielten, den Stofffetzen angezündet und die Flasche über die Brüstung geworfen. Wahrscheinlich sei dies zu schwungvoll geschehen, so daß dabei das Fenster zu Bruch ging. Er habe niemandem schaden wollen, nur die Leute vom Balkon vertreiben. »Über die Folgen habe ich nicht nachgedacht.«

Eine Bewohnerin berichtete, sie sei sehr erschrocken gewesen, als direkt neben ihr die Scheiben zerbarsten und der Brandsatz vor ihren Füßen zu Boden fiel. Nur dem raschen Handeln eines Kommilitonen sei es zu verdanken, daß nichts Schlimmeres passiert sei. Dieser habe sich blitzschnell die brennende Flasche geschnappt und sie auf die Wiese geworfen.

Der Staatsanwalt sah in der Tat des Angeklagten nicht die spontane Reaktion auf eine Lärmbelästigung. Dieser habe den Brandbeschleuniger bewußt eingesetzt und damit eine Gefährdung von Menschen billigend in Kauf genommen.

Die Verteidiger gingen von versuchter Brandstiftung in minderschwerem Fall aus: Der winzige benzingetränkte Stoffetzen hätte nicht eine solch große Hitze entfalten können, um die Wohnung in Brand zu setzen.

Das Gericht verurteilte den Angeklagten wegen versuchter schwerer Brandstiftung zu einer Freiheitsstrafe von einem Jahr und neun Monaten, mit einer dreijährigen Bewährungszeit und einer Auflage von 250 Stunden gemeinnütziger Arbeit.

HAUS DES EX-VERLOBTEN ANGEZÜNDET

Ich habe vom Bahnsteig zugeguckt, wie die Feuerwehr gelöscht hat, und mich geärgert, daß der Brand nicht richtig geklappt hat; da bin ich nochmals hin«, schildert die 31jährige Gitta L. den Tathergang der Brandstiftung, welche ihr am 25. November 1998 in der Verhandlung vor dem Schöffengericht beim Amtsgericht Jena zur Last gelegt wurde.

Gitta hatte am Nachmittag des 24. Februars 1998 aus Wut und Rachegefühl gegenüber ihrem Ex-Verlobten versucht, sein späteres Erbe, ein Abrißhaus in der Löbstedter Straße, anzuzünden. Sie steckte in dem verlassenen Gebäude mit einem Feuerzeug die Matratze einer Liege in Brand und begab sich dann zum nahe gelegenen Saalbahnhof, um dort vom Bahnsteig aus – mit einer großen Flasche »Braunen« in der Hand – das weitere Geschehen zu beobachten. Zu ihrem Bedauern habe sie feststellen müssen – so die Angeklagte – daß die Feuerwehr den Brand ziemlich rasch löschte. Ärgerlich sei sie nochmals in das Haus gegangen und habe es im Obergeschoß erneut angezündet. Dann habe sie sich vor das benachbarte Opel-Autohaus gesetzt und den Rest des Weinbrandes ausgetrunken.

Ein medizinischer Sachverständiger stellte in seinem Gutachten fest, Gitta L. sei durch die seit Jahren tägliche Alkoholaufnahme von zirka zwanzig Bier und zwei bis drei Flaschen Schnaps alkoholabhängig und habe sich zur Tatzeit in einem chronischen Rauschzustand befunden. Auch wenn sie jetzt, während ihrer sechsten Schwangerschaft, weniger getrunken habe, so gäbe es doch eine sehr geringe Wahrscheinlichkeit für eine Abstinenz. Eine Entziehungstherapie sei deshalb angebracht.

Das Gericht mit dem Vorsitzenden Richter Frank Hovemann verurteilte die Angeklagte wegen versuchter und vollendeter schwerer Brandstiftung im Zustand verminderter Schuldfähigkeit zu einer Freiheitsstrafe von einem Jahr und zehn Monaten mit einer Bewährungszeit von drei Jahren und ordnete die Unterbringung in einer Entziehungsanstalt an.

Wegen Diebstahls und schwerer Brandstiftung mußte sich der 22jährige Torsten R. am 24. April 2013 vor dem Schöffengericht beim Amtsgericht Jena verantworten.

Die Staatsanwaltschaft legte dem Angeklagten zur Last, am Nachmittag des 20. Novembers 2012 in einem Supermarkt eine 0,7-Liter-Flasche »Wodka« gestohlen zu haben. Am Abend sei dann ein weiterer Diebstahl erfolgt (0,7 Liter »Jägermeister« und ein 30er Pack »Kleiner Feigling«). Danach mietete sich Torsten R. für drei Tage im Hermsdorfer Hotel »Schwarzer Bär« ein. Dort habe er bewußt das Bett im Zimmer Nr. 4 in Brand gesetzt und dann das Hotel einfach verlassen. Das Feuer griff vom Zimmer auf den Flur über und verqualmte mehrere Räume. Die Feuerwehr konnte Schlimmeres verhindern. Der dem Hotelinhaber entstandene Schaden, zunächst von der Polizei auf 60.000 Euro geschätzt, ist inzwischen auf eine halbe Million Euro angestiegen.

Torsten zeigte Schuldeinsicht und Reue. Sein Verteidiger plädierte auf verminderte Schuldfähigkeit nach § 21 Strafgesetzbuch aufgrund einer durch Alkoholabhängigkeit bedingten psychischen Erkrankung des Mandanten.

Ein medizinischer Sachverständiger hatte zuvor von einer beeinträchtigten Steuerungsfähigkeit infolge einer hohen Alkoholintoxikation gesprochen. Bei Torsten wurde am Tattag um 23:10 Uhr noch 2,46 Promille Blutalkoholkonzentration gemessen.

Das wären zurückgerechnet zur Tatzeit drei Promille gewesen, so Staatsanwalt Peter Witzmann. Er forderte für den schon einschlägig vorbelasteten Angeklagten wegen Diebstahls in zwei Fällen und schwerer Brandstiftung eine Freiheitsstrafe von drei Jahren und drei Monaten.

Das Gericht folgte in seinem Urteil diesem Antrag, ordnete die Unterbringung in einer Entziehungsanstalt an, und beschloß, den Haftbefehl vom 21. Januar 2012 aufrecht zu erhalten. Die Strafe werde nicht mehr zur Bewährung ausgesetzt, so der Vorsitzende Richter Frank Hovemann, da sie über der entsprechenden Grenze von zwei Jahren liege. Zudem sei gegen Torsten R. schon einmal eine Strafe wegen Brandstiftung verhängt worden.

IM KUHSTALL FEUER GELEGT

Als Dieter F. gefragt wurde, ob er bei seinen Taten denn nicht an die Lebensgefährtin und seine drei Kinder gedacht habe, brach er in Tränen aus; doch die Reue kam für den 30jährigen Angeklagten zu spät.

In der Verhandlung des Schöffengerichts beim Amtsgericht Jena am 14. Februar 2001 wurde Dieter F. zu insgesamt drei Jahren Gefängnis verurteilt. Dabei habe er noch »Mengenrabatt« bekommen, so die saloppe Formulierung des Richters; da bei der Festlegung des Strafmaßes die Einzelstrafen nicht einfach nur addiert werden.

Die Staatsanwältin hatte die drei Taten des Angeklagten als eine Handlungseinheit gesehen und vier Jahre Gefängnis gefordert. Das Gericht fällte gesonderte Schuldsprüche, da nicht nur die Brandstiftungen, sondern auch Gerichtsurteile für Straftaten, die Dieter zwischendurch begangen hatte, zu berücksichtigen waren.

Bis zum 3. Juli 1997 arbeitete Dieter in der Milchviehanlage, dann wurde ihm fristlos gekündigt. »Er war wegen

Alkoholproblemen nicht pünktlich zur Arbeit gekommen«, sagte der Geschäftsführer als Zeuge aus.

»Ja, das Verhältnis war angespannt«, räumte Dieter ein und berichtete, es habe wegen der Nichtbezahlung von Überstunden Ärger gegeben. Durch die Entlassung sei er so verbittert gewesen, daß er vor drei Jahren in der Nacht des Himmelfahrttages seine alte Arbeitsstätte aufgesucht und dort einen Brand gelegt habe.

Der Schaden war beträchtlich: Für 40.000 DM mußte ein neues Kälberregister angefertigt werden; durch das defekte Schaltpult kam es zu ungenügender Kühlung der Vakuumpumpen und infolge dessen zur Euterentzündung an elf Milchkühen.

Zwei Monate später folgte die nächste Straftat: Dieter zündete in einem Abstellraum Plastesäcke mit Styropor-Abfällen an. Doch erst nach der dritten Tat konnte Dieter gestellt werden: Er hatte am 12. Oktober 1999 wieder seine alte Arbeitsstätte aufgesucht und ein Fenster der Werkstatt eingeschlagen. Beim Einstieg verletzte er sich an den Glassplittern und wurde später durch eine DNA-Analyse als Täter überführt.

LAGERHALLE ABGEFACKELT

Die 1. Strafkammer des Landgerichtes Gera beendete am 23. September 2010 mit dem fünften Verhandlungstag das Verfahren gegen den mutmaßlichen Brandstifter Dietmar D. Zu Beginn der Sitzung wurde ein ehemaliger Arbeitskollege des Angeklagten befragt. Dieser sagte aus, er habe einmal während der Arbeit vom schlechtgelaunten Dietmar D. den Satz gehört: »Ich fackele die Bude ab!«

Ähnliches soll er auch gegenüber der Geschäftsführerin geäußert haben. Lange Zeit nach der Entlassung von Dietmar D., etwa drei Monate vor dem Brand, habe er ihn nochmals auf dem Gelände der Arbeitsstelle kurz gesehen, als dieser mit seinem Wagen ankam, wendete und wieder fort fuhr.

Nach Abschluß der Beweisaufnahme äußerte der Staatsanwalt, er sei davon überzeugt, daß der Angeklagte die ihm zur Last gelegte Tat begangen habe. Der jetzt 29jährige habe in der Nacht vom 26. zum 27. Oktober 2005 in Eisenberg Mischabfälle in der Halle einer Müllsortieranlage in Brand gesetzt; dabei sei ein Schaden von über einer halben Million Euro entstanden. Dietmar D. wäre am Tattag mit einem geliehenen Pkw unterwegs gewesen und habe bei der verspäteten Rückgabe des Autos als Rechtfertigung erzählt, in Eisenberg hätte die Halle, in der er mal gearbeitet habe, gebrannt. Das hätte nur der Täter wissen können, da zu dem betreffenden Zeitpunkt noch kein Feuer sichtbar gewesen sei. Der Staatsanwalt forderte für diese Tat eine Freiheitsstrafe von drei Jahren.

Der Verteidiger plädierte dagegen auf Freispruch. Er äußerte Zweifel an der Aussageglaubhaftigkeit des Zeugen, der Dietmar das Auto überlassen hatte. Der Zeuge sei drogenabhängig und habe unter Umständen aus Rache oder Ärger Dietmar D. belastet, weil bei ihm eine Hausdurchsuchung erfolgt war.

Der Vorsitzende Richter, Vizepräsident des Landgerichtes, Reinhard Maul erklärte, das Gericht habe keinen Grund gefunden, den Wahrheitsgehalt der Zeugenaussage des Autovermieters anzuzweifeln. So erhielt der Angeklagte unter Einbeziehung einer Entscheidung des Landgerichts Halle eine Gesamtfreiheitsstrafe von drei Jahren und sechs Monaten.

TÖDLICHER LEICHTSINN
IM ASIA-IMBISS

Es tut mir unendlich leid«, bereute der 36jährige Angeklagte seine Unachtsamkeit am Abend des 27. November
2002, in dessen Folge ein Mehrfamilienhaus in der Kahlaer
Bahnhofsstraße in Brand geriet und zwei Todesopfer zu be-
klagen waren. Nun stand Hung Le V., der damalige Betreiber des Asia-Restaurants »Lotus« am 15. Oktober 2003 vor
dem Schöffengericht beim Amtsgericht Jena und mußte
sich wegen fahrlässiger schwerer Brandstiftung in Tateinheit mit fahrlässiger Tötung verantworten.

Er habe damals einen Wok mit zirka fünf Litern Speiseöl
auf den Gasherd gestellt und dann die Küche verlassen, um
mit einem Gast eine Menüabsprache zu führen, berichtete
der Angeklagte. Bei diesem Gespräch habe er nicht mehr
daran gedacht, daß der Regler am Herd auf Maximalstel-
lung stand. Als er in die Küche zurückkam, hätten Feuer
und Rauch den Raum schon so stark verdunkelt, daß er
kaum noch etwas sehen konnte. Er habe den Gashahn geschlossen und dann jemand gebeten, die Feuerwehr zu verständigen.

Laut Vermerk der Polizeiinspektion Jena wurde der Brand
um 19:06 Uhr per Notruf gemeldet. Zwei Minuten später
war ein Funkstreifenwagen vor Ort, kurze Zeit danach traf
die erste Feuerwehr ein. Der Qualm aus der Küche im Erd-
geschoß war bereits in die Wohnungen darüber gezogen
und quoll aus dem linken Fenster in der ersten Etage.
Dort rief eine Frau um Hilfe. Sie wurde mit der Feuerleiter
gerettet.

Zu spät kam jede Hilfe für das Ehepaar im Dachgeschoß des Hauses. Die 45jährige Frau und ihr 51jähriger Mann konnten nur noch tot geborgen werden; sie starben an Rauchgasvergiftung.

Der Staatsanwalt legte dem Angeklagten zur Last, seine Aufsichtspflicht verletzt und somit einen maßgeblichen Beitrag zum Tod zweier Menschen geleistet zu haben. Seinem Antrag folgte das Gericht und verhängte eine Freiheitsstrafe von einem Jahr und zwei Monaten, ausgesetzt für zwei Jahre zur Bewährung, da Hung Le V. Reue zeigte, die Schuld eingestand und bisher nicht vorbestraft ist.

7. Kapitel

GEFAHR FÜR LEIB UND LEBEN
VERSTÖSSE GEGEN DIE PERSÖNLICHE FREIHEIT

Wie das Recht auf körperliche Unversehrtheit ist auch das Recht auf Leben im Grundgesetz verankert (Art. 2, Abs. 2). Schon in frühgeschichtlichen Zeiten gaben sich die Menschen gewisse Lebensregeln, wie zum Beispiel in der Bibel das 5. Gebot: »Du sollst nicht töten!«

In der Gegenwart dient das Strafgesetzbuch als Regelwerk. Im 16. Abschnitt des Besonderen Teils geht es in den Paragraphen 211 bis 222 um die Ahndung von Straftaten gegen das Leben.

Im § 212 (Totschlag) heißt es: »Wer einen Menschen tötet, [. . .] wird mit Freiheitsstrafe nicht unter fünf Jahren bestraft.«

§ 222 (Fahrlässige Tötung) lautet: »Wer durch Fahrlässigkeit den Tod eines Menschen verursacht, wird mit Freiheitsstrafe bis zu fünf Jahren oder mit Geldstrafe bestraft.«

Wegen fahrlässiger Tötung hat sich ein Arzt aus Eisenberg zu verantworten. *(Verhängnisvoller Irrtum im Krankenhaus)*

Das Gericht gibt einer Mutter Schuld am Tod ihrer Tochter. *(Tod des Babys durch Nichtbefolgen ärztlichen Rates)*

Oft kommt es durch Fehler im Straßenverkehr zur Gefahr für Leib und Leben. *(Verkehrsrowdy tötet zwei junge Mopedfahrer)*

Um Verstoß gegen die im Grundgesetz verankerte persönliche Freiheit geht es im nächsten Bericht, und zwar um eine Geiselnahme. *(Opfer gelingt Flucht an der Tankstelle)*

Für vierzig Monate ins Gefängnis mußte ein 33jähriger Bankräuber. *(Überfall auf Sparkasse in Hermsdorf)*

VERHÄNGNISVOLLER IRRTUM
IM KRANKENHAUS

Ein gesunder Mensch hätte mit dieser Fehltransfusion wahrscheinlich die Narkose überlebt«, antwortete der medizinische Sachverständige auf die Frage des Verteidigers von Dr. Sebastian F. in der Fortsetzungsverhandlung des Schöffengerichts beim Amtsgericht Jena am 24. November 2000.

Dem damaligen Assistenzarzt am Rudolf-Elle-Krankenhaus in Eisenberg hatte die Staatsanwaltschaft zur Last gelegt, durch Fahrlässigkeit den Tod eines Menschen verursacht zu haben.

Sebastian F. schilderte den Beginn einer verhängnisvollen Kausalitätskette folgendermaßen: »Am 9. Mai 1996 hatte ich um 16 Uhr meinen Dienst begonnen; da war die Patientin noch im OP-Saal wegen Ersatzes des rechten Hüftgelenkes. Um 19 Uhr kam ein Anruf von der Wachstation: ich solle bei Frau L. eine Bluttransfusion durchführen. Im Krankenzimmer lagen zwei Patientinnen. Auf einem Beistelltisch am Fußende des ersten Bettes befand sich die Krankenakte von Frau L., so daß ich annahm, Frau L. läge auch in diesem Bett. Ich wußte damals nicht, daß dort Frau S. lag. Ich sprach also die noch schläfrige Patientin im ersten Bett an: ›Frau L., Sie bekommen eine Blutkonserve.‹ Durch ihre Zustimmung kam ich gar nicht auf den Gedanken, daß es die falsche Patientin war, und so begann ich mit den Vorbereitungen. Zunächst führte ich den Bedside-Test durch, um die Verträglichkeit von Spender- und Empfängerblut zu überprüfen. Ich habe dabei nicht gemerkt, daß die beiden Blutgruppen nicht übereinstimmten. So leitete ich die Bluttransfusion ein und verließ dann das Zimmer. Minuten später kam ein Anruf von der Krankenschwester, daß bei der Patientin Schockzeichen erkennbar seien. Die Bluttransfusion wurde abgebrochen und es erfolgten Maßnahmen zur Reanimation.«

Frau S. wurde nach Gera auf die Intensivstation gebracht. Durch die Fehltransfusion traten Gerinnungsstörungen auf, so daß man ihr in der Folgezeit 70 Blutkonserven verabreichte. Am 7. Juni wurde eine Wundrevision durchgeführt und dabei ein größeres Hämatom aus dem Operationsbereich entfernt. Es wurde die Basis einer Wundinfektion festgestellt und Frau S. antibiotisch behandelt. Am 18. Juni klagte sie über Schmerzen im rechten Hüftgelenk, deshalb sollte am 20. Juni in Eisenberg eine zweite Wundrevision erfolgen. Obwohl ein erhöhtes Operationsrisiko bestand, erhielt Frau S. eine Narkose, aus der sie nicht wieder erwachte.

Der gerichtsmedizinische Sachverständige gab als Todesursache an: akutes Herzversagen durch geschwächte Organsysteme infolge Fehltransfusion. Ein anderer Sachverständiger konnte nicht völlig ausschließen, daß die Fehltransfusion die alleinige Ursache gewesen sei, da eine Herzvorschädigung festgestellt wurde und das zur Einleitung der Narkose verwendete Medikament Nebenwirkungen besitzt: Es können Herzrhythmusstörungen auftreten.

Im vom Verteidiger beantragten kardiologischen Gutachten sprach der Sachverständige von mehreren alten und frischen Mini-Infarkten der kleinen Herzkranzgefäße und äußerte: »Ich kann die kardiologische Herzerkrankung nicht einfach wegwischen.«

Dennoch blieb der Staatsanwalt beim Vorwurf der fahrlässigen Tötung und forderte eine Freiheitsstrafe von acht

Monaten, auszusetzen auf zwei Jahre zur Bewährung, mit einer Geldauflage von 15.000 DM.

Der Verteidiger sah nur den Tatbestand der fahrlässigen Körperverletzung erfüllt, da auch ein Drittverschulden des Anästhesisten in Betracht käme, und plädierte für eine Geldstrafe.

Das Gericht, mit dem Vorsitzenden Richter Frank Hovemann, vertrat die Auffassung, daß der Todeseintritt bei der Patientin kausal durch den Angeklagten verursacht worden sei. Die operativen Eingriffe (erste und zweite Wundrevision) hätte es ohne Fehltransfusion nicht gegeben und damit auch nicht die Narkose. Es befand den Angeklagten der fahrlässigen Tötung für schuldig und verhängte gegen ihn eine Geldstrafe von 150 Tagessätzen je 200 DM. Zu dieser Summe von 30.000 DM hat Sebastian F. noch die Verfahrenskosten zu tragen.

TOD DES BABYS DURCH NICHTBEFOLGEN ÄRZTLICHEN RATES

»Sie hat für ihr Kind das Beste gewollt, aber nicht das Beste erreicht«, resümierte der Verteidiger, Rechtsanwalt Dirk Kreinberger, im Strafverfahren gegen die 30jährige Manuela H. Diese mußte sich am 13. Februar 2019 vor dem Schöffengericht beim Amtsgericht Jena wegen fahrlässiger Tötung durch Unterlassung verantworten.

Was war geschehen? Am ersten Weihnachtstag 2015 erblickte Anja das Licht der Welt. Zur Freude der Eltern entwickelte sich ihr Töchterchen gut, nahm auch ganz normal an Gewicht zu. Mitte Januar 2016 bekam Anja eine Magen-Darm-Infektion, verbunden mit starkem Durchfall. Manuela fuhr mit ihrer Tochter zu einem Kinderarzt. Dieser stellte bei Anja eine starke Austrocknung, in Verbindung mit einem erheblichen Gewichtsverlust, fest und empfahl der Mutter dringend, ihr Kind ins Krankenhaus zu bringen. Er stellte auch gleich eine entsprechende Überweisung aus. Doch Manuela befolgte nicht den ärztlichen Rat, hatte nicht erkannt, daß sich Anja in einem lebensbedrohlichen Zustand befand.

»Ich habe eine falsche Entscheidung getroffen«, äußerte sie im Gerichtssaal mit tränenerstickter Stimme.

Manuela wollte ihr Töchterchen zu Hause gesund pflegen. Sie informierte sich im Internet, bestellte auch Säuglingsnahrung und Medikamente gegen den Durchfall und war zufrieden, daß es dem Mädchen anscheinend wieder besser ging. Doch dann die Tragödie: In der Nacht vom 31. Januar zum 1. Februar lag Anja leblos in ihrem Bettchen. Ein Notarzt konnte nur noch den Tod des Babys feststellen.

Rechtsmediziner Thomas Hunold, der mit der Leichenschau beauftragt worden war, sprach von hochgradigem Flüssigkeits- und Energiemangel, verursacht durch eine Magen-Darm-Infektion. Eine stationäre Aufnahme hätte zum Überleben des Kindes führen können, zum Beispiel durch die Möglichkeit der Versorgung des Neugeborenen über eine Sonde.

Die Staatsanwältin forderte deshalb in ihrem Plädoyer eine Freiheitsstrafe von einem Jahr und sechs Monaten, mit einer Bewährungszeit von fünf Jahren.

Der Verteidiger hielt ein Jahr und zwei Monate für ausreichend, mit einer Bewährungszeit nicht über drei Jahre. Beim Aufsuchen des Kinderarztes am 18. Januar 2016 habe dieser zwar eine Behandlung des Neugeborenen im Krankenhaus empfohlen, ein Hinweis auf eine lebensbedrohliche Erkrankung sei jedoch nicht erfolgt. Deshalb habe sich seine Mandantin mit ihrer Familie selbst um Anja gekümmert. Als Ende Januar erneut Durchfall auftrat, habe sie mit ihrer Tochter wieder zum Arzt gewollt, doch dazu sei es durch den Tod des Mädchens nicht mehr gekommen.

Das Gericht, mit dem Vorsitzenden Richter Frank Hovemann, befand die Angeklagte für schuldig der fahrlässigen Tötung durch Unterlassung und verhängte eine Freiheitsstrafe von einem Jahr und vier Monaten, ausgesetzt für zwei Jahre zur Bewährung.

Der Richter begründete diese Entscheidung: Die Angeklagte habe durch die Nichtbefolgung des ärztlichen Rates gegen ihre Sorgfaltspflicht verstoßen und damit den Tod ihrer Tochter verursacht. Aufgrund der Folgenschwere sei nur Freiheitsstrafe in Betracht gekommen. Diese könne jedoch zur Bewährung ausgesetzt werden, da der Angeklagten durch ihre geordneten Familienverhältnisse eine positive Sozialprognose auszustellen sei.

VERKEHRSROWDY TÖTET ZWEI JUNGE MOPEDFAHRER

Vor dem Schöffengericht beim Amtsgericht Jena muß sich im April 1998 der 23jährige Mario H. verantworten. Ihm werden fahrlässige Tötung in zwei Fällen, unerlaubtes Entfernen vom Unfallort und unterlassene Hilfeleistung zur Last gelegt.

Die Beweisaufnahme ergibt folgendes Bild des Geschehens: Zwei Jugendliche, 17 und 18 Jahre alt, sind am 12. Juni 1997 auf einem Moped aus Richtung Königshofen nach Eisenberg unterwegs. Die beiden haben an diesem Tag das

Kleinkraftrad gekauft und benutzen es, obwohl der Fahrer keinen Führerschein besitzt und das vordere Licht nicht brennt. Doch die Rückleuchte ist funktionstüchtig, wenn auch mit Paketklebeband am Gehäuse befestigt.

Mario H., der gegen 23:40 Uhr in seinem VW Golf mit zirka 85 km/h auch diese Straße befährt, erfaßt das Moped von hinten auf der geraden, übersichtlichen Strecke. In der Folge des Aufpralls sterben die beiden Jugendlichen an der Unfallstelle. Mario fährt weiter, hält nicht an, um nachzusehen, was passiert ist, und um eventuell erste Hilfe zu leisten.

Nach eigener Aussage will er den Aufprall des Soziusfahrers auf die Frontscheibe und das Dach seines Autos nicht bemerkt haben. Er gibt zwar zu, einen Stoß verspürt und einen Krach gehört zu haben, hätte dies jedoch nicht als Unfall gewertet. Da er zuvor zwei bis drei Bier getrunken hatte, überkommt ihn nun die Angst, wegen Alkohol am Steuer belangt zu werden. So überläßt er die beiden Angefahrenen ihrem Schicksal, holpert mit seinem demolierten Wagen und einem »Platten« bis Eisenberg und trinkt zu Hause weiter Alkohol.

Durch den auf der Straße liegenden Sturzhelm wird ein Autofahrer aufmerksam und ruft die Polizei. Rettungskräfte können nur noch den Tod der Verunglückten feststellen. Auf dem Rückweg bemerkt der Fahrer des Krankenwagens ein Nummernschild auf der Straße und informiert die Beamten.

Schnell wird der Halter des dazu gehörenden Kraftfahrzeuges ermittelt und wenig später stehen die Polizisten vor der Wohnungstür von Mario H. Sie klingeln vergeblich und verschaffen sich dann gewaltsam Zutritt. Ein Fenster steht offen – der Gesuchte ist ausgeflogen. In den Grünanlagen erwischen sie ihn dann.

Nun sitzt Mario zerknirscht und mit niedergeschlagenen Augen auf der Anklagebank. Der Staatsanwalt fordert für den schon vorbelasteten Angeklagten eine Gefängnisstrafe von 15 Monaten. Der Verteidiger plädiert dagegen auf eine Geldstrafe oder eine Freiheitsstrafe zur Bewährung.

Das Schöffengericht, mit dem Vorsitzenden Richter Frank Hovemann, verhängt eine Freiheitsstrafe von einem Jahr und sechs Monaten, die der Verurteilte absitzen muß. Für Mario H. gäbe es keine Bewährung, begründet der Richter, da insbesondere im Entfernen von der Unfallstelle und im Zurücklassen der Opfer eine so hohe Schuldschwere liege, daß bei diesem Sachverhalt aus Gründen der Verteidigung der Rechtsordnung die Vollstreckung der Freiheitsstrafe angezeigt sei.

Zudem habe sich Mario H. schon einmal unerlaubt von einer Unfallstelle entfernt und in zwei Fällen wegen Gefährdung des Straßenverkehrs durch zu hohe Geschwindigkeit eine Geldbuße und einen Monat Fahrverbot erhalten.

Das Gericht beschließt, den Führerschein einzuziehen und Mario H. die Fahrerlaubnis zu entziehen. Außerdem erhält er für die Erteilung einer neuen Fahrerlaubnis eine Sperrfrist von vier Jahren.

OPFER GELINGT FLUCHT
AN DER TANKSTELLE

Jetzt fahren wir los und schlagen dich tot«, zitierte der Staatsanwalt aus dem polizeilichen Vernehmungsprotokoll die drohenden Worte an Jürgen F. Die drei gewalttätigen Jenenser, die am 1. September 2003 ihr Opfer aus der Rolfinckstraße in einem roten Ford Escort entführten, mußten sich nun am 25. April 2004 im Amtsgericht Jena wegen gemeinschaftlicher Geiselnahme und gefährlicher Körperverletzung verantworten.

Der 35jährige Rolf F. begründete die von ihm geführte Aktion so: Seinem Kumpel (der mitangeklagte 33jährige Wilfried F.) habe wegen Mietschulden die Zwangsräumung gedroht. Da Jürgen, der frühere Partner von Wilfrieds Lebensgefährtin, bei dieser noch eine Rechnung von 1.700 Euro offen hatte, seien sie zu dritt zu ihm gefahren. »Wir wollten nur mit ihm reden. Daß es so gekommen ist, haben wir nicht gewollt. Es ging halt alles ein bißchen schief.«

Durch die Beweisaufnahme ergab sich folgender Tathergang: Rolf und der Dritte im Bunde, der 38jährige Dirk S., verschafften sich gewaltsam Zugang zur Wohnung von Jürgen – der Glaseinsatz der Eingangstür ging dabei zu Bruch – und trieben diesen mit Schlägen aus dem Haus.

»Er hatte keine Schuhe an und es war ziemlich naß an diesem Tag«, schilderte Wilfried die Situation.

Die drei Entführer verfrachteten Jürgen in Wilfrieds Pkw, um mit ihm zur Begleichung seiner Schulden nach Winzerla zu fahren. Mit welchen Worten sie ihr Opfer im Auto bedrohten, blieb ungeklärt. Die von der Polizei protokollierte

Aussage des Opfers: »Wir fahren ins Wäldchen, da wirst du nicht überleben!« wurde von den Angeklagten bestritten.

An der Shelltankstelle hielten sie an, da Rolf noch Zigaretten holen wollte. Diese Gelegenheit nutzte Jürgen zur Flucht.

»Nach einem Gerangel gelang es ihm abzuhauen« bestätigte Wilfried.

Durch die geständigen Einlassungen der Angeklagten bekam der Vorsitzende Richter Frank Hovemann die Möglichkeit, die Verhandlung abzukürzen; Zeugen und der Sachverständige brauchten nicht mehr gehört zu werden.

Nach einer Verfahrensabsprache mit den prozeßbeteiligten Juristen fällte das Schöffengericht folgendes Urteil: Die Angeklagten sind schuldig der gemeinschaftlich begangenen Geiselnahme in minderschwerem Fall, darüber hinaus sind Rolf F. und Dirk S. schuldig der gemeinschaftlichen gefährlichen Körperverletzung.

Das Gericht verhängte gegen die vorbestraften Angeklagten Freiheitsstrafen ohne Bewährung: Rolf F. bekam ein Jahr und acht Monate, Dirk S. ein Jahr und vier Monate. Wilfried F. erhielt unter Einbeziehung der Strafe aus einem Urteil vom 9. Oktober 2003 eine Gesamtstrafe von einem Jahr und neun Monaten.

Alle Beteiligten erklärten, auf das Einlegen von Rechtsmitteln zu verzichten, damit wurde das Urteil gleich rechtskräftig.

Durch den vom Gericht gefaßten Beschluß, die erlassenen Haftbefehle aufrecht zu erhalten, müssen die Verurteilten zurück in die Justizvollzugsanstalt.

ÜBERFALL
AUF SPARKASSE IN HERMSDORF

Die irrsinnige Idee, eine Bank zu überfallen, kam mir spontan, als wir an der Sparkasse vorbeifuhren. Für mich war das die einzige Möglichkeit, aus dem Schlamassel herauszukommen«, erklärte Ingolf S. am 6. Oktober 1999 in der Verhandlung vor dem Schöffengericht beim Amtsgericht Jena das Motiv seiner Straftat.

Dem 33jährigen wurde von der Staatsanwaltschaft schwere räuberische Erpressung zur Last gelegt, begangen mit Hilfe von Robby N. am 30. Juli 1999 in Hermsdorf.

Durch die geständige Einlassung des Angeklagten und die Berichte der Zeugen ergab sich folgendes Bild des Geschehens: Nachdem der in Geldschwierigkeiten steckende Ingolf, (sein Gläubiger hatte ihm mit »Knochenbrechern« gedroht), den Entschluß gefaßt hatte, eine Bank zu überfallen, teilt er das Vorhaben seinem Kumpel mit und bittet diesen, am Parkplatz im Auto auf ihn zu warten. Robby ist davon gar nicht begeistert, muß er doch in Hermsdorf zur Arbeit und hat Ingolf nur aus Gefälligkeit bis zum Bahnhof mitgenommen. Er rät ihm von dieser Tat ab, stößt aber auf taube Ohren.

Ingolf schnappt sich ein abgestelltes Fahrrad und macht sich damit auf den Weg zur Sparkasse. Die Uhr zeigt 9:45, der Schalterraum ist leer. Die Kassiererin sitzt am Schreibtisch, ein Handwerker beklebt die Scheiben des Schalters mit Schichtfolie. Da betritt Ingolf mit Sonnenbrille, Basecape und Rucksack das Bankgebäude.

Als die Bankangestellte nach seinen Wünschen fragt, schiebt Ingolf ihr eine Plastetüte zu, zieht seine Pistole

122

und ruft: »Das ist ein Überfall! Geld her!« In diesem Moment kommt der Folienbeschichter hinzu; Ingolf richtet nun die Waffe auf ihn und wiederholt seine Forderung: »Geld raus!«

Mit weichen Knien und zitternden Händen gibt Frau H. das gesamte Bargeld her – 22.320 DM – und drückt den Alarmknopf, als der Täter die Bank verläßt.

Durch die Fensterjalousien sieht der Handwerker, wie Ingolf das Fahrrad besteigt und sagt sich: »Den hole ich mir.«

Laut schreiend: »Haltet ihn! Haltet ihn! – Das Schwein hat die Bank überfallen!«, rennt er dem Flüchtenden hinterher.

Bei der Verfolgungsjagd bekommt er Hilfe durch einen Kraftfahrer, der mit seinem Kleintransporter Ingolf den Weg versperrt, als dieser auf dem Bahnhofsvorplatz in das Auto seines Kumpels steigen will. Da gibt Ingolf auf. Mit verschränkten Armen wartet er auf die Polizei.

Der Staatsanwalt forderte für Ingolfs Tat eine Freiheitsstrafe von drei Jahren und vier Monaten; für Robby beantragte er wegen Begünstigung eine Bewährungsstrafe von einem Jahr mit einer Geldauflage von 800 DM.

Ingolfs Verteidiger sprach von einem minderschweren Fall, da die Tat nicht geplant, sondern spontan und nur mit einer Schreckschußpistole und nicht mit einer echten Waffe ausgeführt wurde. Er plädierte für eine zweijährige Strafe auf Bewährung, weil sein Mandant bisher nicht vorbestraft sei.

Robbys Verteidiger äußerte seine Genugtuung darüber, daß sich der Vorwurf der Mittäterschaft bei einer räuberischen Erpressung für seinen Mandanten nicht bestätigt habe. Er hielt eine Bewährungsstrafe wegen versuchter Beihilfe für ausreichend.

Das Gericht, mit dem Vorsitzenden Richter Frank Hovemann, sprach Ingolf S. schuldig der schweren räuberischen Erpressung und Robby N. der Beihilfe dazu; es verhängte gegen Ingolf eine Freiheitsstrafe von drei Jahren und vier Monaten. Robby erhielt eine Strafe von einem Jahr und sechs Monaten mit einer Bewährungszeit von drei Jahren. Für ihn wurde der Haftbefehl aufgehoben, während Ingolf ins Gefängnis muß.

8. Kapitel

VERKEHRSSÜNDER

Das Auto – des Deutschen liebstes Kind«, meint der Volksmund; doch manche, die damit umgehen, sind keine guten Verkehrsteilnehmer und landen vor Gericht.

Oft stehen Verkehrssünder unter Alkoholeinfluß.
(Betrunkener Fahrer landet im Gleisbett), (Alkoholfahrt kommt teuer zu stehen), (Der Trunk nach dem Unfall war doch der davor), (Saftige Geldstrafe für betrunkenen Radfahrer)

Zum Vorwurf der Trunkenheit im Straßenverkehr werden vielen Fahrzeugführern noch Gefährdung des Straßenverkehrs bzw. gefährlicher Eingriff in den Straßenverkehr zur Last gelegt, weil sie sich der Polizeikontrolle durch eine waghalsige Flucht zu entziehen versuchten.
(Moped-Flucht und Rangelei mit der Polizei), (Betrunken geflohen und Polizisten fast überfahren), (Mit 36 Flaschen Whisky und 180 km/h geflohen), (Tankbetrug und Verfolgungsjagd), (»Wildwest«-Flucht im Auto endet hinter Gittern), (»Räuber und Gendarm« auf der Autobahn), (»Katz-und-Maus-Spiel« mit der Polizei quer durch Jena)

Besonders tragisch ist es, wenn im Straßenverkehr durch Fehlverhalten Gesundheitsschäden verursacht und Menschenleben in Gefahr gebracht werden. *(Am Fußgänger-überweg fünf Kinder angefahren), (In Panik einen jungen Mann umgefahren), (Tragisches Ende einer nächtlichen Überholjagd), (Unfall mit Martinshorn und Blaulicht), (Drei Unfalltote nach Fahrfehler auf der Autobahn), (Mit Selbstmordgedanken Pkw in den Gegenverkehr gelenkt)*

BETRUNKENER FAHRER LANDET IM GLEISBETT

Alkohol hat im Verkehr nichts zu suchen.« Mit diesen Worten beendete Richter Dr. Gerhard Litterst-Tiganele am 2. Oktober 2007 im Amtsgericht Jena seine Urteilsbegründung.

Dem 33jährigen Informatiker Michael L. wurde vorsätzliche Gefährdung des Straßenverkehrs und unerlaubtes Entfernen vom Unfallort zur Last gelegt: Er soll am 6. April 2007 kurz nach fünf Uhr mit mehr als zwei Promille Alkohol im Blut in der Platanenstraße zwei parkende Pkw geschrammt haben; Sachschaden 3.500 Euro. Dann sei er nach Lobeda-West gefahren, habe beim Einbiegen in die Theobald-Renner-Straße nicht mehr die Kurve gekriegt und sei im Gleisbett der Straßenbahn gelandet.

Eine junge Frau, die zu dieser Zeit zur Arbeit wollte und an der Haltestelle gewartet hatte, schilderte dem Gericht sehr anschaulich die Situation: »Der Wagen kam mit hoher Geschwindigkeit angerast, bremste etwas ab, streifte fast einen Laternenpfahl, prallte gegen einen großen Stein und schlitterte auf dem Gleisbett an mir vorbei. Mein Gott, wenn der Stein nicht gewesen wäre; das Auto hätte mich glatt umgefahren.« Ein Taxifahrer habe dann die Polizei informiert.

Der Angeklagte selbst konnte sich an das Geschehen dieser Nacht nur noch spärlich erinnern: Er habe am Abend in der Innenstadt mit Freunden seinen Geburtstag gefeiert und wohl zu viel getrunken. Wie er nach Lobeda-Ost in die Disko gekommen sei, wisse er nicht mehr; da bestünde völliger »Filmriß«. Erst an die Landung im Gleisbett könne er sich wieder erinnern.

Der medizinische Sachverständige, Dr. med. Sascha Rommeiß, errechnete aus den Angaben der Blutuntersuchung von Michael L. 2,51 Promille Alkoholkonzentration zur Tatzeit. Er konnte eine erhebliche Minderung der Steuerungsfähigkeit nicht ausschließen, vertrat aber die Auffassung, daß es keine Rauschtat war.

Gemäß dem Antrag der Staatsanwältin verurteilte das Gericht den Angeklagten zu einer Geldstrafe von 90 Tagessätzen je 40 Euro und beschloß eine neunmonatige Sperre für das Erteilen einer neuen Fahrerlaubnis.

ALKOHOLFAHRT KOMMT TEUER ZU STEHEN

Klaus ist allein zu Haus. Er macht großen Wohnungsputz und genehmigt sich ab und zu ein Bierchen. Es gibt viel zu säubern und entsprechend auch zu trinken. Als er gegen Abend bemerkt, daß sein Handykabel defekt ist, beschließt er, noch zum Media-Markt zu fahren, mit (später gemessenen) 2,66 Promille Blutalkohol. Infolge seiner Fahruntüchtigkeit übersieht er an der Kreuzung ein vor ihm haltendes Fahrzeug und verursacht einen Crash. Die herbeigerufenen Polizisten beschimpft er und widersetzt sich ihren Anordnungen. So wird er gefesselt in die Klinik gebracht. Nun hat sich Klaus J. in einem Strafverfahren am 27. Mai 2014 vor dem Amtsgericht Jena zu verantworten.

Die Staatsanwaltschaft legt dem 54jährigen Angeklagten vorsätzliche Gefährdung des Straßenverkehrs, Widerstand gegen Vollstreckungsbeamte, versuchte Körperverletzung sowie Beleidigung und Bedrohung zur Last. Die letzten Tatvorwürfe werden nach der Beweisaufnahme im Hinblick auf die ersten beiden Straftaten beschränkt.

Klaus bedauert, am 21. September 2013 mit seinem Wagen unter Alkoholeinwirkung gefahren zu sein; das sei eine einmalige Sache gewesen. Als die Polizisten die Herausgabe seines Autoschlüssels forderten, habe er das verweigert. Bei der Fixierung sei er zu Boden gestürzt und auf den Kopf gefallen. Ab da wisse er nichts mehr. Seine Erinnerung hätte erst wieder eingesetzt, als er im Krankenbett der Notaufnahme gelegen habe.

Die Staatsanwaltschaft plädiert für eine Geldstrafe von 85 Tagessätzen; der Verteidiger hält 70 Tagessätze für ausreichend. Sein Mandant sei bisher nicht vorbestraft, er habe weder Einträge im Bundeszentral- noch im Verkehrszentralregister. Den Sachschaden durch den Auffahrunfall habe er schon aus eigener Tasche bezahlt, auch den Tausender beim Klinikum.

Das Gericht mit dem Vorsitzenden Richter Dr. Gerhard Litterst-Tiganele verurteilt Klaus J. zu einer Geldstrafe von 75 Tagessätzen und legt die Höhe eines Tagessatzes entsprechend dem Einkommen des Angeklagten auf 110 Euro fest. So hat Klaus J. für seine Trunkenheitsfahrt 8.250 Euro zu berappen. Hinzu kommen noch die Gerichts- und Anwaltskosten. Außerdem muß er vier weitere Monate warten, bis er einen neuen Antrag auf Erteilung einer Fahrerlaubnis stellen darf.

DER TRUNK NACH DEM UNFALL WAR DOCH DER DAVOR

Hat der Unfallverursacher nach dem Crash noch Alkohol zu sich genommen oder stammen die 0,84 Promille aus einem vorangegangenen Trunk? Um diese Frage zu klären, gab Wilma Göritz, Richterin am Amtsgericht Jena, am ersten Verhandlungstag eine Alkoholbegleitstoffanalyse in Auftrag und beraumte für den 18. Juli 2006 einen Fortsetzungstermin an.

Der 41jährige Angeklagte Jens P. hatte zunächst zum Vorwurf der fahrlässigen Gefährdung des Straßenverkehrs geäußert, er habe zwar den Unfall im Dezember 2005 verursacht, aber nicht unter Alkoholeinwirkung gestanden. Durch die winternasse Fahrbahn sei er in der Kahlaischen Straße auf den Straßenbahnschienen in der Kurve mit seinem Fahrzeug weggerutscht und gegen eine Ampelanlage geprallt. Er sei von dem Crash noch ganz benommen gewesen, als ein paar Männer ihm aus dem Auto halfen, ihn in ein benachbartes Vereinslokal führten und ihm etwas zu trinken gaben. Es sei ein Glas mit einer klaren Flüssigkeit gewesen, die nach Anis geschmeckt habe.

Auf die Frage der Richterin, ob er schon vor dem Unfall Alkohol zu sich genommen habe, räumte der Angeklagte ein, lediglich nach Ende seiner regulären Schicht zwei Bier getrunken zu haben. Dann hätte er aber anschließend noch eine zweite Schicht übernommen, weil sich sein Kollege krank gemeldet habe. Weit nach Mitternacht sei er dann nach Hause gefahren. Die später gemessenen Promille Blutalkohol müßten also vom Nachtrunk im Vereinslokal stammen.

Doch die Alkoholbegleitstoffanalyse brachte es an den Tag. Das Ergebnis der Analyse sei erdrückend, konstatierte Staatsanwalt Mayk Reimann: Mit Hilfe einer Kapillarchromatographie werde der Anteil der Begleitstoffe, unter anderem Methanol, Propanol und Methylbutanol bestimmt. Da diese Stoffe eine andere Abbauzeit als der eigentliche Trinkalkohol, das Äthanol, besitzen, könne man aus dem Verhältnis der verschiedenen Alkohole ersehen, wie zeitnah zur Blutprobe der Trunk gewesen sei.

Die Analyse lasse darauf schließen, daß vor dem Unfall noch Bier getrunken wurde, so der Staatsanwalt.

Mit diesem Ergebnis konfrontiert, räumte der Angeklagte nun ein, doch noch Bier bzw. Radler in den späten Abendstunden getrunken zu haben. Er hätte sich jedoch bei Antritt der Fahrt absolut fahrtüchtig gefühlt. Der Alkohol sei nicht die alleinige Ursache für den Fahrfehler gewesen, auch die winterlichen Straßenverhältnisse hätten dazu beigetragen. Er wäre erleichtert darüber, daß es keinen Personenschaden gegeben habe. Bisher sei er immer unfallfrei gefahren. Nun fehle ihm schon über sieben Monate der Führerschein.

Wegen fahrlässiger Gefährdung des Straßenverkehrs und des mit rund 5.000 Euro bezifferten Schadens an der Ampel, der Mauer und dem Stromkasten, forderte der Staatsanwalt eine Geldstrafe von 50 Tagessätzen zu je 25 Euro und noch eine Sperre der Fahrerlaubnis für die Zeit von sechs Monaten.

Der Verteidiger hielt eine geringere Anzahl der Tagessätze und ein dreimonatiges Fahrverbot für ausreichend. Sein Mandant benötige den Führerschein zur Ausübung seiner Arbeitsaufgaben im Cateringservice.

Das Urteil lautete auf 40 Tagessätze zu je 25 Euro, mit dem Gerichtsbeschluß: Die Fahrerlaubnis wird entzogen, der Führerschein eingezogen und der betreffenden Behörde wird auferlegt, vor Ablauf von drei Monaten keine neue Fahrerlaubnis zu erteilen.

Jens P. hat außerdem die Kosten des Verfahrens und seine notwendigen Auslagen zu tragen.

SAFTIGE GELDSTRAFE FÜR BETRUNKENEN RADFAHRER

Am 16. August 2009, einem Sonntag, hatten zwei Jenaer Polizeibeamte Dienst als Fahrradstreife. Dort, wo am »Kupferhütchen« der Steinweg in den Löbdergraben mündet, beobachteten sie das Verhalten der Radfahrer während des Überquerens der Ampelkreuzung. Auf einmal trauten sie ihren Augen nicht: Da preschte doch ein Radler heran und fuhr einfach bei Dunkelrot über die Straße.

Sie griffen sich den Verkehrssünder und ließen ihn erst einmal ins Röhrchen pusten. Bei einem Atemalkoholwert von 1,8 Promille brachten sie ihn in die Klinik zur Blutentnahme.

Nun sitzt Axel S. rund 14 Monate später im Amtsgericht Jena und hat sich wegen vorsätzlicher Trunkenheit im Verkehr zu verantworten.

Der 30jährige Angeklagte gibt das Vergehen zu und bedauert sein Verhalten: Er sei bei einem Kumpel gewesen, bei dem er noch ein paar Bierchen getrunken habe und hätte dann abends schnell nach Hause gewollt.

»Er ist uns aufgefallen, weil er ohne Licht fuhr«, berichtet einer der beiden Beamten im Zeugenstand. Er habe sich geweigert, mit dem herbeigerufenen Streifenwagen in die Klinik zu fahren und schrie: »Nicht ohne mein Fahrrad«.

Der Angeklagte bestätigt, bockig geworden zu sein, weil er befürchtete, man würde ihm in der Zwischenzeit das Fahrrad stehlen.

Der Richter stellt fest: Mit der Blutalkoholkonzentration von 1,67 Promille, die bei Axel S. gemessen wurde, sei die Grenze zur absoluten Fahruntüchtigkeit, die bei Radfahrern mit 1,6 Promille angesehen wird, überschritten worden. Auch wäre der Angeklagte ein Wiederholungstäter.

Das Gericht verhängt eine Geldstrafe von 40 Tagessätzen und legt die Höhe des Tagessatzes entsprechend dem Einkommen des Angeklagten auf 40 Euro fest. So muß Axel S. 1.600 Euro Strafe und dazu noch die Gerichtskosten berappen.

MOPED-FLUCHT UND RANGELEI MIT DER POLIZEI

Rudolf M. besaß ein Moped, aber keine Fahrerlaubnis dazu. Dessen ungeachtet war der 30jährige Maurer am 23. März 2006 mit seinem fahrbaren Untersatz in Tautenhain unterwegs und geriet, oh Schreck, in eine Verkehrskontrolle. Sein Fehlverhalten an diesem Tag führte ihn nun am 4. Oktober 2006 auf die Anklagebank des Schöffengerichts beim Amtsgericht Jena.

Die Staatsanwaltschaft legte Rudolf gefährlichen Eingriff in den Straßenverkehr, Fahren ohne Fahrerlaubnis sowie Widerstand gegen Vollstreckungsbeamte und vorsätzliche Körperverletzung zur Last.

»Ich bin in eine Kontrolle gekommen und durchgefahren«, schilderte Rudolf äußerst verkürzt sein Vergehen.

Ausführlicher berichtete darüber ein Beamter der Jenaer Polizei: Er habe auf der Fahrbahn gestanden und den Mopedfahrer mit Handzeichen zum Halten aufgefordert. Dieser sei langsamer geworden und rechts heran gefahren, habe aber dann wieder Gas gegeben, sei an ihm vorbei gebraust und hätte beinahe zirka zehn Meter weiter seine Kollegin umgefahren, wenn diese nicht noch rasch zur Seite gesprungen wäre.

Nun war zu klären, ob Rudolf absichtlich auf die Polizistin zugehalten hat und damit der Tatbestand des gefährlichen Eingriffs in den Straßenverkehr (Mindeststrafe ein Jahr) erfüllt wurde.

Die Polizeibeamtin entlastete jedoch den Angeklagten: Als sie zur Seite gesprungen sei, habe der Mopedfahrer einen Schlenker von ihr weg gemacht. Also könne man »nur« von Widerstand gegen Vollstreckungsbeamte ausgehen, korrigierte Staatsanwalt Axel Katzer seine ursprüngliche Anklage.

Das war aber erst ein Teil der Tatvorwürfe.

Nachdem Rudolf sich mit Vollgas der Verkehrskontrolle entzogen hatte, fuhr der Polizist dem Ausreißer mit Blaulicht hinterher. Dieser lieferte sich mit dem Streifenwagen eine wilde Jagd durch unwegsames Gelände, bis er schließlich im Schnee stecken blieb.

»Ich habe einen Hechtsprung gemacht, ihn gepackt und dann den Ausweis verlangt«, berichtete der Beamte. Doch Rudolf habe fliehen wollen. Es sei zu einer Rangelei gekommen, weil sich Rudolf gewehrt habe, als er ihm die Handschellen anlegen wollte. Beide hätten sich ziemlich lange am Boden gewälzt.

Über eine Stunde leistete Rudolf massiven Widerstand, dann hatten die Kollegen des Polizeibeamten die Kontrahenten im Wald gefunden. Spuren des Kampfes gab es auf beiden Seiten: Prellungen am Handgelenk und an der Schulter sowie Schürfwunden am Knie beim Polizisten, eine Platzwunde am Kopf bei Rudolf.

Für die angeklagten Taten forderte der Staatsanwalt für Rudolf S. eine Freiheitsstrafe von fünf Monaten auf Bewährung und als Auflage das Ableisten gemeinnütziger Arbeit.

Das Gericht, mit dem Vorsitzenden Richter Frank Hovemann, folgte in seinem Urteil diesem Antrag und verhängte wegen des vorsätzlichen Fahrens ohne Fahrerlaubnis, des Widerstandes gegen Vollstreckungsbeamte und der vorsätzlichen Körperverletzung eine Strafe von fünf Monaten und setzte diese für zwei Jahre zur Bewährung aus.

Als Auflage hat Rudolf M. binnen vier Monaten 120 Stunden gemeinnützige Arbeit zu leisten sowie innerhalb von drei Monaten 100 Euro an die Landeskasse zu entrichten.

BETRUNKEN GEFLOHEN UND POLIZISTEN FAST ÜBERFAHREN

Wenn ich stehen geblieben wäre, hätte er mich erfaßt. Er fuhr geradeaus weiter ohne zu reagieren«, schilderte der Polizeibeamte das Verhalten von Andreas S. Dieser mußte sich nun im November 1998 in einer zweitägigen Verhandlung vor dem Schöffengericht beim Amtsgericht Jena verantworten.

Die Staatsanwaltschaft hatte dem 25jährigen Angeklagten eine Trunkenheitsfahrt, Widerstand gegen Vollstreckungsbeamte und gefährlichen Eingriff in den Straßenverkehr zur Verdeckung einer Straftat zur Last gelegt.

Was war geschehen? In der Nacht vom 14. zum 15. Februar 1998 fuhr Andreas in Stadtroda einen Kumpel vom Billardcafé zum Volkshaus, obwohl er zuvor Alkohol getrunken hatte. Dort bat ihn eine Bekannte, sie nach Hause zu bringen. Auf der Fahrt habe er bemerkt, so der Angeklagte, daß er keine Zigaretten mehr besaß, und sei in Richtung Tankstelle gefahren, mußte dann aber feststellen, daß diese schon geschlossen hatte. So faßte er den Entschluß, noch zum Gasthof nach Quirla zu fahren. Eine Polizeikontrolle vor dem Ortsausgang Stadtroda habe er nicht wahrgenommen. Später hätte er im Rückspiegel Blaulicht gesehen und in einer Nebenstraße in Quirla gehalten.

Die von ihm mitgenommene Bekannte erklärte als Zeugin vor Gericht: Andreas habe sie dort gebeten, auf den Fahrersitz hinüber zu wechseln, damit die Polizei annehmen mußte, sie sei den Kleintransporter gefahren.

Der Polizist, der mit seinen Kollegen die Verkehrskontrolle an der Bushaltestelle durchgeführt hatte, sagte vor Gericht aus, das Mannschaftsfahrzeug und die beiden Streifenwagen seien durch die Laternen gut ausgeleuchtet gewesen. Er selbst habe eine reflektierende Weste getragen und eine mit rotem Lichtsignal versehene Handkelle hochgehalten. Andreas S. sei jedoch mit unverminderter Geschwindigkeit weiter gefahren, so daß er zur Seite springen mußte.

Die Staatsanwältin ging in ihrem Plädoyer davon aus, daß der Angeklagte den Anhalteposten gesehen haben muß. Er hätte ihn ignoriert und sei vorbei gefahren, weil ihm bewußt gewesen wäre, daß er sich durch seine Trunkenheitsfahrt strafbar gemacht habe. Der später gemessene Blutalkoholwert betrug 1,69 Promille. Damit habe Andreas S. die Gefährdung von Personen und die Schädigung von Sachen in Kauf genommen. Da der Angeklagte einschlägig vorbestraft sei, fordere sie eine Freiheitsstrafe von einem Jahr und sechs Monaten, auszusetzen auf eine zweijährige Bewährungszeit, eine Fahrerlaubnissperre von zwei Jahren sowie eine Geldauflage von 500 DM.

Der Verteidiger vertrat die Auffassung, bei seinem Mandanten sei durch den genossenen Alkohol der Wahrnehmungsgrad erheblich eingeschränkt gewesen. Das Vorbeifahren mit gleichbleibender Geschwindigkeit spräche dafür, daß er die Polizei nicht gesehen habe. Andreas S. hätte weder einen gefährlichen Eingriff in den Straßenverkehr vorgenommen noch Widerstand gegen Vollstreckungsbeamte geleistet. Deshalb sei eine Geldstrafe ausreichend.

Das Schöffengericht, mit dem Vorsitzenden Richter Frank Hovemann, folgte in seinem Urteil dem Antrag der Staatsanwältin. Es verhängte gegen den Angeklagten eine Freiheitsstrafe von achtzehn Monaten und beschloß, diese Strafe für zwei Jahre zur Bewährung auszusetzen. Als Auflage hat Andreas S. 480 DM, zahlbar in sechs Raten, an den »Bund gegen Alkohol und Drogen im Straßenverkehr e.V.« Thüringen zu überweisen.

Der Führerschein wird eingezogen und für die Erteilung einer neuen Fahrerlaubnis eine Sperrfrist von 14 Monaten auferlegt.

MIT 36 FLASCHEN WHISKY UND 180 KM/H GEFLOHEN

An einem Dezemberabend im Jahr 2004 entdeckte Steven K. in der Jenaer Semmelweisstraße einen unverschlossenen Audi, in dem auch noch der Zündschlüssel steckte. Er entwendete das Fahrzeug und benutzte es für weitere Straftaten.

Nun mußte sich der 33jährige gelernte Facharbeiter für Acker- und Pflanzenbau wegen Diebstahls, Fahrens ohne Fahrerlaubnis und Gefährdung des Straßenverkehrs verantworten.

In der Verhandlung vor dem Schöffengericht beim Amtsgericht Jena am 5. Oktober 2005 legte ihm die Staatsanwaltschaft zu Last, einen Audi im Wert von 13.000 Euro gestohlen zu haben. Mit diesem Pkw sei er von Dezember 2004 bis April 2005 monatlich einmal nach Erfurt gefahren, obwohl er nicht im Besitz einer Fahrerlaubnis gewesen sei.

In einem Jenaer Supermarkt stapelte Steven am 25. April 2005 Kartons mit insgesamt 36 Flaschen Whisky (für rund 400 Euro) in seinen Einkaufswagen und verließ das Geschäft heimlich durch eine Feuerschutztür. Das blieb nicht unbemerkt. Steven wurde auch beobachtet, als er das Diebesgut im Audi verstaute und damit wegfuhr. Die sofort verständigte Polizei entdeckte den gesuchten Pkw auf der B7 in Richtung Weimar und brauste hinterher.

Bei einer dramatischen Verfolgungsjagd überholte Steven im Bereich von Hohlstedt an unübersichtlicher Stelle mit 120 bis 130 km/h mehrere Autos und kam in einer Rechtskurve auf die Gegenfahrbahn. Dabei konnte ein Zusammenstoß mit einem entgegenkommenden Wagen nur verhindert werden, weil dessen Fahrer voll abbremste und nach rechts auswich. Durch Frankendorf raste Steven mit 160 bis 180 km/h und ließ sich in Umpferstedt auch von einer roten Ampel nicht aufhalten, so daß die Vorfahrtsberechtigten zum abrupten Anhalten gezwungen wurden.

Erst kurz vor dem Ortseingang Weimar beendete eine zu Hilfe gerufene Streifenwagenbesatzung mit einem Nagelbrett die gefährliche Fahrt.

Steven flüchtete zu Fuß weiter und wurde wenig später von der Polizei festgenommen.

Bei der Durchsuchung des Audis wurden neben den gestohlenen Whiskyflaschen auch Einwegspritzen und ein von unten verrußter Löffel sichergestellt. Steven K. erklärte dazu, er sei seit zehn Jahren drogensüchtig und nehme seit sieben Jahren Heroin.

Weil über seinen Verteidiger, Rechtsanwalt Dr. Hans-Peter Richter, eine geständige Einlassung in Aussicht gestellt wurde, vereinbarte der Vorsitzende Richter Frank Hovemann in einem Rechtsgespräch mit den prozeßbeteiligten Juristen für diesen Fall eine Strafobergrenze. Daraufhin räumte Steven K. die gegen ihn erhobenen Tatvorwürfe ein.

Das Gericht verhängte eine Freiheitsstrafe von einem Jahr und sechs Monaten. Diese Strafe werde nicht mehr zur Bewährung ausgesetzt, begründete der Richter, da die Taten des mit zehn Einträgen im Bundeszentralregister vorbelasteten Angeklagten während seiner Bewährungszeit begangen wurden.

Das Gericht empfahl Steven K., seine Suchtprobleme durch Therapiemaßnahmen zu bewältigen.

Der Haftbefehl gegen den aus der Justizvollzugsanstalt Gera vorgeführten Angeklagten bleibt bestehen. Steven muß also zurück ins Gefängnis. Staatsanwalt und Verteidiger erklärten Verzicht auf das Einlegen von Widerspruch, somit ist das Urteil rechtskräftig.

TANKBETRUG UND VERFOLGUNGSJAGD

Kay M. und Timo S. sind den Justizorganen keine Unbekannten mehr. Die beiden jetzt 19jährigen mußten sich schon wiederholt wegen Diebstahls und Fahrens ohne Fahrerlaubnis verantworten. Nun standen sie am 11. März 2003 erneut vor Gericht.

Lang war die Liste der am 21. September 2002 begangenen Straftaten, die Kay M. in der Verhandlung vor dem Jugendschöffengericht beim Amtsgericht Jena zur Last gelegt wurden: Betrug; Urkundenfälschung; Gebrauch eines Fahrzeugs, für das keine Haftpflichtversicherung bestand; Fahren ohne Fahrerlaubnis; gefährlicher Eingriff in den Straßenverkehr; Widerstand gegen Vollstreckungsbeamte und versuchte gefährliche Körperverletzung; unerlaubtes Entfernen vom Unfallort.

Für den mitangeklagten Timo S. fielen die Tatvorwürfe etwas kürzer aus: Betrug und unerlaubtes Entfernen vom Unfallort.

»Ja«, gestand Kay, »in Eisenberg bin ich schon auf Reserve gefahren.« Deshalb hätte Timo getankt, sei dann schnell eingestiegen und habe gerufen: »Gib Gas!«

»Wir wurden über den Tankbetrug in Eisenberg per Funk informiert«, berichtete ein Polizeibeamter aus Jena. »In Wogau kam uns der beschriebene rote Golf entgegen. Wir wendeten und nahmen die Verfolgung auf. Als der Fahrer des Golfs uns in der Karl-Liebknecht-Straße wahrnahm, überholte er riskant ein anderes Fahrzeug und floh mit zirka 140 km/h in Richtung Wiesenstraße.

Die weitere Schilderung der nächtlichen Hatz, an der ein Funkstreifenwagen und zwei zivile Fahrzeuge der Polizei teilnahmen, ergab folgende Sachlage: Das Fluchtfahrzeug raste die Wiesenstraße entlang und versuchte durch ständigen Spurwechsel ein Überholen durch die Polizei zu verhindern. Am Flutgraben geriet es dann in eine Sackgasse mit Wendeinsel und war zum Halten gezwungen, da die nachfolgenden Polizeifahrzeuge den Rückweg versperrten.

Als die Beamten des ersten Wagens ausstiegen und zum gestellten Pkw gehen wollten, gab Kay Vollgas und fuhr mit quietschenden Reifen direkt auf einen Polizisten zu. Dieser konnte sich nur durch einen Sprung zur Seite retten. Der flüchtende Golf zwängte sich über den Gehweg an der Sperre vorbei; ein Beamter des nächsten Fahrzeugs, der gerade im Aussteigen begriffen war, huschte schnell zurück und schloß eilends die Fahrertür, um einen Crash zu vermeiden.

Ohne Licht fuhren die Ausreißer bis zum Zwätzener Sportplatz; dort durchbrach das Auto einen Zaun und blieb auf dem Rasen stehen. Nun wurde die Flucht zu Fuß fortgesetzt, doch die beiden kamen nicht weit. Timo wurde noch an den Sportanlagen gefaßt. Kay, der sich auf dem Dach versteckt hatte, gelang es, sich mit einem Taxi Richtung Weimar davon zu machen, wurde dann aber in Umpferstedt gestellt.

Nach einer umfangreichen Beweisaufnahme sah das Gericht, mit dem Vorsitzenden Richter Andreas Piller, die Tatvorwürfe der Staatsanwaltschaft bestätigt und sprach die beiden Angeklagten schuldig. Es verhängte gegen Kay M. unter Einbeziehung eines Urteils des Amtsgerichtes Erfurt vom 3. September 2002 eine Einheitsjugendstrafe von drei Jahren und vier Monaten. Timo S. erhielt unter Einbeziehung eines Urteils des Amtsgerichtes Weimar vom 21. März 2001 eine Einheitsjugendstrafe von zwei Jahren.

Die Prozeßbeteiligten verzichteten auf das Einlegen von Rechtsmitteln, somit ist das Urteil rechtskräftig.

»WILDWEST«-FLUCHT IM AUTO ENDET HINTER GITTERN

Wenn ich nicht zur Seite gesprungen wäre, hätte er mich voll erwischt«, äußerte sich der als Zeuge geladene Polizeibeamte am 8. Oktober 1999 während des zweiten Verhandlungstages vor dem Schöffengericht beim Amtsgericht Jena.

Dem so beschriebenen Verkehrsrowdy, dem 24jährigen Axel R. wurde von der Staatsanwaltschaft zur Last gelegt, am 7. Mai 1999 einen gefährlichen Eingriff in den Straßenverkehr vorgenommen, einem Amtsträger durch Drohung mit Gewalt Widerstand geleistet und ihn dabei tätlich angegriffen zu haben.

Was war in den Mittagsstunden dieses sonnigen Maitages geschehen? Axel, nicht im Besitz eines Führerscheines, obwohl die Sperrzeit für seine Fahrerlaubnis nur bis März 1999 ging, hatte als gelernter Kfz-Elektriker an seinem VW Golf herumgebastelt und beschloss, mit seinem Kumpel eine Probefahrt von der Karl-Liebknecht-Straße in Richtung Eisenberg zu unternehmen. An der Tankstelle in Wogau entdeckte er einen Kontrollposten der Polizei und kehrte flugs um.

142

Sein waghalsiges Wendemanöver blieb nicht unbemerkt. Es wurde von den Beamten beobachtet. Diese gaben per Funk einen Hinweis an eine weitere Kontrollstelle, die sich zirka 200 Meter stadteinwärts hinter dem Ortseingangsschild von Jena befand.

Hier begab sich daraufhin ein Polizist auf die Fahrbahn, ließ noch einen Lkw passieren und stellte sich dann mit erhobener Haltekelle auf die Straßenmitte. Er sah, wie der avisierte rote Pkw am Ortseingang in einer Straßenkrümmung noch einen Kleintransporter überholte und dann mit unverminderter Geschwindigkeit auf ihn zu hielt. »Ich schätzte, daß er so 100 km/h drauf hatte und bin im letzten Augenblick noch rüber gesprungen«, schilderte der Polizeibeamte seine Eindrücke.

Axel fuhr unbeirrt weiter, entkam einer Verfolgung und stellte seinen Pkw auf dem REWE-Parkplatz an den »Fuchslöchern« ab. Er sprach später mit seinem Anwalt und stellte sich dann am anderen Tag der Polizei.

Unklarheiten in der Verhandlung gab es zu zwei Fragen: 1. War Axel R. direkt auf den Polizisten zugefahren oder hatte er vor, einen Bogen um ihn zu machen? 2. Hat Axel R. die Haltekelle dem Polizisten aus der Hand gefahren oder hat dieser die Kelle gegen das Auto geschleudert? Hier gab es unterschiedliche Aussagen, die auch durch einen vorhandenen Videofilm nicht geklärt werden konnten.

Der Staatsanwalt hielt die Aussagen des Polizeibeamten für glaubwürdig und forderte eine Freiheitsstrafe von einem Jahr und sechs Monaten sowie eine isolierte Sperrfrist für die Fahrerlaubnis von zwei Jahren und das Einziehen des Tatfahrzeuges (nach § 74 StGB). Eine Bewährung käme nicht infrage, da der Angeklagte einschlägig vorbestraft sei und sich noch in einer Bewährungszeit befand.

Der Verteidiger vertrat die Ansicht, sein Mandant habe das Fahrzeug nicht als Waffe sondern als Fluchtmittel benutzt. Er bat das Gericht, Axel R. mit einer Bewährungsstrafe noch eine Chance zu geben. Auch würde eine Sperre der Fahrerlaubnis für sechs Monate ausreichen.

Dieser Auffassung schloß sich das Gericht nicht an. Es befand den Angeklagten schuldig eines gefährlichen Eingriffs in den Straßenverkehr zur Verdeckung einer vorangegangenen Straftat, des Widerstands gegen Vollstreckungsbeamte in besonders schwerem Fall und des vorsätzlichen Fahrens ohne Fahrerlaubnis. Es verhängte eine Freiheitsstrafe von eineinhalb Jahren und beschloß eine zweijährige Sperrfrist für die Erteilung einer neuen Fahrerlaubnis sowie das Einziehen des Fahrzeugs von Axel R.

Der Bitte des Verteidigers auf eine Bewährungschance konnte das Gericht nicht folgen. Wer in diesem Alter schon neun »Hausnummern« (Einträge) im Bundeszentralregister habe, muß im Leben etwas falsch gemacht haben, so der Vorsitzende Richter Frank Hovemann.

»RÄUBER UND GENDARM« AUF DER AUTOBAHN

Wenn ich nicht zur Seite gesprungen wäre, hätte er mich wahrscheinlich erwischt«, schilderte ein Polizist die gefährliche Situation auf der A4 unmittelbar vor der Teufelstalbrücke. »Dann hörte ich es nur noch krachen. Der Opel rammte einen Streifenwagen und raste davon«.

Nun mußte sich der 23jährige Karsten S., der mit einem gestohlenen Auto, unter Drogen stehend und ohne Führerschein mit der Polizei »Räuber und Gendarm« spielen woll-

te, am 17. Januar 2001 vor dem Schöffengericht beim Amtsgericht Jena wegen seiner Straftaten verantworten. Ihm
wurden Widerstand gegen Vollstreckungsbeamte, gefährlicher Eingriff in den Straßenverkehr zur Verdeckung einer
Straftat sowie unerlaubtes Entfernen vom Unfallort zur
Last gelegt.

Karsten wollte am 11. November 1999 zu seiner Oma nach
Leipzig, hatte kein Geld und klaute deshalb zusammen mit
seinem Kumpel vom Gelände eines Autohauses einen Opel
Corsa. Auf der A4 fiel einer Polizeistreife die eingeschlagene
Seitenscheibe auf. Bei der Pkw-Abfrage erfuhren die Beam-
ten, daß der Wagen nachts zuvor gestohlen worden war. Sie
vereinbarten mit zwei weiteren Funkstreifenwagen einen
Zugriff direkt vor der Teufelstalbrücke; dort waren die
Fahrbahnen durch eine Baustelle eingeengt und eine even-
tuelle Flucht zu Fuß schwer möglich.

Als die verfolgenden Polizisten die nahe Ankunft des Corsa meldeten, fuhren die an der Brücke schon wartenden
Kollegen mit Blaulicht und Martinshorn auf die Fahrbahn
und bildeten mit ihren beiden schräg stehenden Streifenwagen eine Sperre. Durch den dichten Verkehr bildete sich
auch sofort ein Stau – die Autodiebe saßen in der Falle.
Doch das Unwahrscheinliche geschah: Karsten zwängte
sich mit seinem kleinen Opel durch die enge Lücke zwischen dem vor ihm stehenden Lkw und der rechten Leitplanke, fuhr auf einen an der Sperre stehenden Polizisten
zu, schlug nach links einen Haken, rammte einen Streifenwagen und preschte davon.

Das andere noch ganz gebliebene Polizeiauto nahm sofort
die Verfolgung auf. Bis zum Hermsdorfer Kreuz war es nicht
mehr weit und dort warteten schon die nächsten alarmier-
ten Funkstreifen. Da nützten dem Ausreißer keine gewag-

ten Überholmanöver und das riskante Abbiegen in letzter Sekunde. Auf der Einfädelspur in Richtung Berlin wurde er von mehreren Fahrzeugen in die Zange genommen und ausgebremst.

In sich zusammengesunken, mit den Händen auf dem Lenkrad, ließ sich Karsten festnehmen.

Die Staatsanwältin bezeichnete das Verhalten des Angeklagten als grob verkehrswidrig und rücksichtslos. Sie beantragte eine Freiheitsstrafe von zwei Jahren und sechs Monaten sowie eine Sperre für das Erteilen einer Fahrerlaubnis von mindestens einem Jahr.

Der Verteidiger, Rechtsanwalt Ernst-Günter Popendicker, verwies auf die Paniksituation, in der sich sein Mandant durch die Verfolgung befunden habe. Er hielt eine Strafe von einem Jahr und zwei Monaten für ausreichend. Karsten S. habe sein Fahrzeug als Fluchtmittel benutzt und nicht, um auf den Polizisten gezielt zuzusteuern.

Das Gericht verurteilte den Angeklagten zu einer Gesamtstrafe von drei Jahren, die dieser nun hinter Gitter verbringen muß. Der Vorsitzende Richter Frank Hovemann begründete das Strafmaß mit der hohen kriminellen Energie des Angeklagten, der erheblichen Gefährdungssituation sowie mehreren zu Buche stehenden Vorstrafen. Für das Erlangen einer neuen Fahrerlaubnis erhält Karsten S. eine Sperrfrist von einem Jahr.

»KATZ-UND-MAUS-SPIEL«
MIT DER POLIZEI QUER DURCH JENA

Der Angeschuldigte wollte der Polizeistreife um jeden Preis entkommen, da er noch unter Bewährung stand und fürchtete, inhaftiert zu werden, weil er mit gestohlenen Kennzeichen, einem nicht zugelassenen Pkw und ohne gültige Fahrerlaubnis unterwegs war, hieß es in der Anklage gegen den 22jährigen Toralf R. am 26. März 2003 in der Verhandlung vor dem Schöffengericht beim Amtsgericht Jena.

Die Beweisaufnahme ergab folgendes Bild der Ereignisse: Am 1. August 2002 gegen 14:00 Uhr befuhr Toralf zusammen mit seinem Kumpel von Gera kommend die BAB 4 mit seinem nicht zugelassenen Pkw Audi, an den er die Kennzeichen von einem abgestellten Ford montiert und diese mit einer TÜV-, ASU- und Stadtplakette versehen hatte.

An der Abfahrt Jena-Lobeda verließ er die Autobahn und steuerte auf die Stadtrodaer Straße Richtung Innenstadt. Dort wurde auf Grund von Fahrfehlern eine Polizeistreife auf ihn aufmerksam; diese beabsichtigte, Toralf einer Verkehrskontrolle zu unterziehen. Als die Polizisten ihn zum Halten aufforderten, beschleunigte er seinen Pkw und entfernte sich mit stark überhöhter Geschwindigkeit.

Auf seiner halsbrecherischen Flucht überholte Toralf in Jena-Burgau mit einer Geschwindigkeit von zirka 100 km/h mehrere Pkw in der Keßler- und Göschwitzer Straße, ohne sich um die entgegenkommenden Fahrzeuge zu kümmern, die durch Abbremsen und Ausweichen es gerade noch schafften, einen Unfall zu verhindern. In Höhe der Gaststätte »Wasserelse« überholte er im Kurvenbereich einen

Omnibus und wäre fast mit einem Radfahrer kollidiert, wenn dieser nicht reaktionsschnell die Fahrbahn verlassen hätte.

Als Toralf merkte, daß es ihm nicht gelang, der Polizeistreife zu entkommen, führte er plötzlich auf der Göschwitzer Straße eine Vollbremsung durch in der Hoffnung, einen Auffahrunfall zu verursachen oder das Polizeiauto bei dessen Ausweichmanöver von der Straße abkommen zu lassen.

Doch den Polizisten gelang es noch rechtzeitig, ihr Fahrzeug abzubremsen und zur Seite auszuweichen.

Toralf beschleunigte wieder, raste mit rund 160 km/h durch die Ortslage Rothenstein und führte auf der B 88 erneut eine Vollbremsung durch. Auch hier gelang es der Polizeistreife ganz knapp, einen Auffahrunfall zu vermeiden.

Zwischen Rothenstein und Altendorf kam es infolge einer weiteren Vollbremsung zum Zusammenstoß der Fahrzeuge, wobei Toralf noch versucht haben soll, den nach rechts ausweichenden Funkstreifenwagen mit seinem Pkw gegen die Leitplanke zu drücken. Die Verfolgung wurde sodann mit beschädigten Fahrzeugen fortgesetzt.

Während der Fluchtfahrt entledigte sich Toralf eines Tütchens mit 0,5 Gramm kristallinem Methamphetamin (»Crystal-Speed«), das sein Beifahrer aus dem Fenster warf.

Vor Altendorf kam der Audi von der Fahrbahn ab, geriet auf eine Wiese und saß dort fest. Als ein Polizist sich dem Pkw mit gezückter Schußwaffe näherte, gelang es Toralf, wieder anzufahren. Er gab Vollgas und steuerte direkt auf den Beamten zu, dem es gerade noch gelang, zur Seite zu springen. Nach zirka zwei Kilometern, als es nicht mehr weiter ging, stellte er den Audi im Wald ab und wurde am nächsten Tag festgenommen.

In einer weiteren Anklageschrift wurden Toralf Verstöße gegen das Betäubungsmittelgesetz zur Last gelegt. Von September 2001 bis Mai 2002 soll er in 38 Fällen unerlaubten gewerbsmäßigen Handel mit Ecstasy-Tabletten betrieben haben.

Der Angeklagte zeigte sich geständig – auf einen weiteren Verhandlungstag und die Aussagen der vorgesehenen Zeugen konnte deshalb verzichtet werden. Das habe ihm sieben bis acht Monate weniger eingebracht, bemerkte der Vorsitzende Richter Frank Hovemann und verkündete zu später Stunde das Urteil.

Wegen Diebstahls, Urkundenfälschung, unerlaubten Fahrens ohne Fahrerlaubnis, gefährlichen Eingriffs in den Straßenverkehr, Widerstand gegen Vollstreckungsbeamte und Handelstreibens mit Betäubungsmitteln erhielt Toralf R. eine Freiheitsstrafe von zwei Jahren und neun Monaten sowie eine dreijährige Sperre für das Erteilen einer Fahrerlaubnis.

AM FUSSGÄNGERÜBERWEG FÜNF KINDER ANGEFAHREN

Die Ampel war rot. Ich habe mich gewundert, warum er nicht gebremst hat«, schilderte ein Zeuge den Verkehrsunfall am 3. Juni 2002 auf dem Fußgängerüberweg am Kaufland Lobeda-West.

Nun mußte sich der 25jährige Fabian S., Fahrer des Pkw, der in die Kindergruppe hinein gefahren war, im Februar 2003 vor Gericht wegen fahrlässiger Körperverletzung verantworten.

Der Angeklagte nahm zum Tatvorwurf Stellung: Er wisse nicht mehr genau, ob die Ampel am Fußgängerüberweg noch Grün oder schon Gelb anzeigte. Er habe nur gemerkt, daß die Ampel an der sich dahinter befindenden Kreuzung auf Rot sprang, deshalb habe er den Gang herausgenommen, um das Auto ausrollen zu lassen.

Der Mutter, die mit fünf Kindern zu diesem Zeitpunkt die Straße überqueren wollte, fiel es schwer, vor Gericht darüber zu sprechen. Es sei ein entsetzlicher Anblick gewesen, als ihre Kinder verteilt auf der Straße lagen, berichtete sie stockend. Sie bekomme immer noch Zustände, wenn sie an einer grünen Ampel steht und sich ein Auto nähert.

»Es war das absolute Chaos«, äußerte der Pkw-Fahrer, der sich hinter Fabians Wagen befunden hatte.

So ganz klar schien die Schuldfrage doch nicht zu sein. Eine Zeugin, die auf der Bank an der Straßenbahnhaltestelle gesessen hatte, berichtete: Eine Frau, wahrscheinlich die Mutter, schrie: »Stehen bleiben!«, dann habe ein Auto gequietscht. Ein Kunde, der zur Unfallzeit gerade das Kaufland verließ, sagte aus, er habe zwar nichts gesehen, dafür aber einiges gehört: zunächst eine Vollbremsung mit quietschenden Reifen und einen Aufprall, dann erst den Piepton an der Ampel, der während der Grünphase für die Fußgänger ertönt.

Richterin am Amtsgericht Jena, Frau Wilma Göritz, setzte die Verhandlung aus und beraumte einen Fortsetzungstermin an, um ein paar strittige Details zu klären. Sie informierte sich in der Zwischenzeit über den Modus der Ampelschaltung bezüglich der Lichtsignale und des sie begleitenden akustischen Signals.

In der späteren Urteilsfindung ging sie davon aus, daß der Ohrenzeuge den Piepton erst bewußt nach dem Zusammenprall wahrgenommen habe, da das akustische Signal insgesamt 27 Sekunden ertöne.

Die Richterin verlas am zweiten Verhandlungstag die ärztlichen Gutachten. Glücklicherweise gab es keine schwerwiegenden Komplikationen nach den Gehirnerschütterungen, Prellungen und Abschürfungen, so daß die kleinen Patienten nach wenigen Tagen aus dem Krankenhaus entlassen werden konnten.

Der Staatsanwalt sprach in seinem Plädoyer von erheblichen Verletzungen, beantragte jedoch noch eine Geldstrafe, da der Angeklagte bisher noch nicht strafrechtlich in Erscheinung getreten sei, sowie eine Fahrerlaubnissperre von acht Monaten.

Der Verteidiger plädierte auf Freispruch. Er berief sich dabei auf die Aussagen der beiden Ohrenzeugen, mit dem Schrei: »Stehen bleiben!« und dem erst später einsetzenden akustischen Signal. Die Kinder hätten sich nicht neben der Mutter befunden, sondern seien bei noch Rot auf die Fahrbahn gelaufen.

Die Richterin verhängte gegen den Angeklagten wegen fahrlässiger Körperverletzung in fünf tateinheitlichen Fällen eine Geldstrafe von 90 Tagessätzen zu je 36 Euro und beschloß eine dreimonatige Sperre für das Erteilen einer neuen Fahrerlaubnis. Sie vertrat die Auffassung, Fabian S. habe grob fahrlässig gehandelt: Man lerne doch schon in der Fahrschule ein besonders umsichtiges Verhalten in Bereichen mit solch stark frequentierten Fußgängerströmen, wie das hier der Fall gewesen sei.

IN PANIK
EINEN JUNGEN MANN UMGEFAHREN

Wegen gefährlichen Eingriffs in den Straßenverkehr, verbunden mit der Verursachung einer schweren Gesundheitsschädigung eines anderen Menschen, mußte sich der 30jährige Marco H. am 17. November 2010 vor dem Schöffengericht beim Amtsgericht Jena verantworten.

Die Staatsanwaltschaft legte ihm zur Last, am 5. Juli 2009 in Bad Klosterlausnitz während eines Diskothekenbesuchs nach einer verbalen Auseinandersetzung einer Person mehrere Schläge ins Gesicht versetzt zu haben, so daß diese Platz- und Schürfwunden davontrug. Dann sei Marco zum Parkplatz gelaufen, habe sich in seinen Pkw gesetzt und den Wagen gestartet.

Drei Männer vom Sicherheitsdienst stellten sich vor das Auto, um Marco am Wegfahren zu hindern. Doch dieser gab Vollgas, ließ den Motor aufheulen, legte dann einen Gang ein und fuhr an.

Den beiden außen stehenden Security-Mitarbeitern gelang ein Sprung zur Seite, der mittlere wurde von der Stoßstange erfaßt und flog über die Kühlerhaube. Dabei zog er sich am Kopf mehrere Knochenbrüche zu. Die Ärzte mußten wegen der Schwellung des Gehirns zum Druckausgleich die Schädeldecke öffnen und den Verletzten in ein künstliches Koma versetzen.

Der Verteidiger erklärte, sein Mandant habe nicht mit Absicht jemanden umfahren wollen. Marco sei voller Panik ins Auto geflohen und habe dann zur Warnung den Motor aufheulen lassen in der Hoffnung, die Männer würden zur Seite gehen.

Der Angeklagte bedauerte sein Handeln. Er entschuldigte sich bei seinem Opfer und erklärte sich bereit, einen angemessenen Beitrag zur Wiedergutmachung zu leisten.

Das Gericht verhängte eine Freiheitsstrafe von einem Jahr und zehn Monaten und setzte die Bewährung auf drei Jahre fest. In dieser Zeit hat Marco Monat für Monat 300 Euro Schmerzensgeld an den Geschädigten zu zahlen. Auch wenn der Angeklagte niemanden umfahren wollte, so habe er die Gefährdung anderer doch billigend in Kauf genommen, begründete der Vorsitzende Richter Frank Hovemann das Urteil.

TRAGISCHES ENDE EINER NÄCHTLICHEN ÜBERHOLJAGD

Was woll'n die denn?«, soll Torsten seinem Sozius angstvoll zugerufen haben. Dabei schaute er sich nach seinen Verfolgern um, geriet auf den unbefestigten Randstreifen neben der Fahrbahn und prallte wenig später gegen einen Baum.

Während der Beifahrer noch vom Moped springen konnte und im Rettungswagen wieder zu sich kam, erwachte Torsten nicht mehr aus der Bewußtlosigkeit – er erlag im Krankenhaus seinen Verletzungen.

Nun mußte sich der junge Wartburg-Fahrer Mike B., der mit drei Freunden das Moped verfolgt hatte, im März 2002 vor dem Jugendschöffengericht beim Amtsgericht Jena verantworten. Dem 19jährigen Kfz-Lehrling aus Kahla wurden versuchte Nötigung in Tateinheit mit fahrlässiger Körperverletzung und fahrlässiger Tötung zur Last gelegt.

Der Angeklagte gab zu, am Abend des 2. Oktober 2000 dem Mopedfahrer hinterher gefahren zu sein, um dessen Personalien festzustellen; denn dieser habe ihn zuvor, in der Nähe der Tankstelle Kahla, zu kurz überholt und dadurch zu einem Ausweichmanöver veranlaßt, so daß sein Auto die Bordsteinkante rammte.

Die Zeugenaussagen zeichneten den weiteren Verlauf des Geschehens: Das Moped fährt in Richtung Reinstädt – der Wartburg folgt ihm. Dann setzt sich der Pkw vor den Mopedfahrer und bremst, um diesen zum Anhalten zu zwingen; doch der läßt sich davon nicht beirren und fährt am Wartburg vorbei. Das gleiche Spielchen noch einmal: Hupen, Überholvorgang, Zuruf: »Eh, halt doch mal an, wir wollen was klären!«, Ausbremsen. Da kehrt der Mopedfahrer einfach um und fährt zurück. Auch der Pkw wendet, um die Verfolgung wieder aufzunehmen.

»Ich hatte das Moped schon aus den Augen verloren und beschlossen, nach Hause zu fahren«, berichtete der Angeklagte. Da hätten sie das Moped im Graben liegen gesehen und auch die beiden Verunglückten.

Er habe angehalten und sofort einen Rettungswagen herbei gerufen. »Das habe ich nicht gewollt«, beteuerte Mike B.

Sein Verteidiger, Dr. Hans-Peter Richter, vertrat die Auffassung, man könne es seinem Mandanten nicht anlasten, daß der Mopedfahrer die Kontrolle über sein Gefährt verloren habe, und plädierte auf Freispruch.

Das Gericht, mit dem Vorsitzenden Richter Detlef Kleßen, ging davon aus, daß die Folgen dieser nächtlichen Jagd zwar nicht beabsichtigt, aber absehbar gewesen seien. Es verurteilte den Angeklagten zu einer Jugendstrafe von zehn Monaten, mit einer Bewährungszeit von zwei Jahren.

Mike B. bekommt einen Bewährungshelfer zur Seite gestellt, hat in einer Unfall- oder Reha-Klinik 120 Stunden gemeinnützige Arbeit zu leisten und darf seine Ausbildungsstelle nicht aufgeben.

»Das Urteil kann die Tat nicht wieder gutmachen, soll aber darauf einwirken, daß sich so etwas nicht wiederholen darf«, begründete Richter Kleßen die Entscheidung des Gerichts.

UNFALL MIT MARTINSHORN
UND BLAULICHT

Als ich die Straßenbahn erkannte, war es schon zu spät zum Bremsen; die einzige Chance war zu beschleunigen«, erläuterte Rudolf S. am 30. September 1998 vor dem Schöffengericht beim Amtsgericht Jena seine Reaktion kurz vor dem Zusammenstoß seines Rettungswagens mit der Straßenbahn in Winzerla.

Die Staatsanwaltschaft hatte ihm zur Last gelegt, am 28. April dieses Jahres durch Fahrlässigkeit den Tod eines Menschen verursacht zu haben.

Der angeschuldigte 52jährige Rettungssanitäter schilderte den Hergang des Unfalls so: Kurz nach 18 Uhr habe er den Einsatzbefehl erhalten, einen herzkranken Patienten aus dessen Wohnung in Winzerla nach Lobeda in die Klinik für Innere Medizin zu fahren. Auf Grund der Dringlichkeit fuhr er mit genehmigtem Sondersignal von der Hermann-Pistor-Straße über die Winzerlaer Straße bis zu deren Einmündung in die Rudolstädter Straße. Dort verringerte er die Geschwindigkeit, um nach rechts abzubiegen. Als er die von Winzerla kommende Straßenbahn bemerkte, gab er

Vollgas, um eine Kollision zu verhindern. Sein Fahrzeug wurde trotzdem noch am Heck berührt, so daß es sich durch den Zusammenstoß um 180 Grad drehte.

Er habe gleich die Rettungsstelle informiert und sich um die Verletzten im Rettungswagen gekümmert. Rudolf S. brachte sein Bedauern zum Ausdruck, daß der herzkranke Patient an den Folgen des Unfalls gestorben sei.

Der als Zeuge vernommene Fahrer der Straßenbahn berichtete: Er sei von der Haltestelle Damaschkestraße abgefahren, und als er sich der Kreuzung näherte, stand das Signal auf »Freie Fahrt«. Etwas später habe er ein Martinshorn gehört und versucht, es zu lokalisieren. Dann habe er den Schalter auf Null gedreht, um die Bremsbereitschaft herzustellen, und anschließend gebremst; ein Zusammenprall mit dem Krankenwagen wäre aber wegen der Kürze der Strecke nicht mehr zu verhindern gewesen.

Ein mit der Straßenbahn mitgefahrener Zeuge äußerte: Er hätte nicht das Gefühl gehabt, daß die Bahn ihre Geschwindigkeit verringerte. Links sitzende Passagiere hätten ausgerufen: »Warum bremst er nicht!«

Der Verteidiger des Rettungswagenfahrers beantragte am Ende der Beweisaufnahme, das Verfahren einzustellen. Sein Mandant mußte sich in dieser Gefahrensituation in Bruchteilen von Sekunden entscheiden. Wenn er gebremst hätte, wäre er sicher voll in die Straßenbahn hinein gefahren, und es hätte dann vielleicht sogar noch mehr Tote gegeben.

Staatsanwältin Waltraud Adelhardt sah die Auferlegung einer Geldbuße für ausreichend an. Sie vertrat die Meinung, daß zwar der Fahrer des Rettungswagens sich nicht auf sein Sonderrecht verlassen dürfe und seine Geschwindigkeit vor der Kreuzung verringern müsse, daß aber auch ein vorfahrtsberechtigter Verkehrsteilnehmer zu entsprechender Vorsicht verpflichtet sei.

Der Vorsitzende Richter Frank Hovemann verkündete den Gerichtsbeschluß: Das Verfahren wird mit Zustimmung der Prozeßbeteiligten vorläufig eingestellt. Der angeschuldigte Fahrer des Rettungswagens hat innerhalb von vier Wochen 1.500 DM an die Jenaer Beratungsstelle der »Suchthilfe in Thüringen GmbH« zu zahlen.

DREI UNFALLTOTE NACH FAHRFEHLER AUF DER AUTOBAHN

Sie wollten zur Berufsschule nach Gera und hatten eine Fahrgemeinschaft gebildet. An diesem verhängnisvollen Tag war Benno C. an der Reihe. Als stolzer Besitzer eines Audi A 4 trat er am 10. Mai 2011 ordentlich aufs Gaspedal. In Höhe der Anschlußstelle Hermsdorf/Ost geschah es dann: Benno verriß das Lenkrad, der Pkw brach aus, rutschte quer über alle Fahrspuren nach rechts gegen eine Böschung und wurde dann zurück auf die Autobahn geschleudert. Das traurige Ende: Drei Jugendliche überlebten den Crash nicht, der vierte war schwer verletzt und Benno stand unter Schock. Nun mußte sich der 20jährige Montagearbeiter im April 2012 wegen fahrlässiger Tötung und Körperverletzung vor dem Jugendschöffengericht beim Amtsgericht Jena verantworten.

Der Vorsitzende Richter Detlef Kleßen ließ zunächst den Angeklagten zu Wort kommen. Dieser berichtete: Sein Beifahrer Andy habe herumgealbert und sich dann auf den Sitz gekniet, um sich mit den anderen zu kabbeln. Dabei hätte dieser das Gleichgewicht verloren und wäre ihm auf den

Arm gefallen. Das Auto sei nach rechts weggegangen, er habe gebremst und gegengelenkt. An Weiteres könne er sich nicht mehr erinnern.

Auch Freddy L., der den Unfall schwer verletzt überlebte, hatte Gedächtnislücken. Er wußte nur noch, daß sich keiner der Insassen angeschnallt hatte, nur der Fahrer selbst wäre angegurtet gewesen. Man habe oftmals im Wagen rumgealbert. Ob sich aber Andy an diesem Tag auf den Sitz gekniet habe und dann auf den Fahrer gefallen sei, wisse er nicht mehr.

Direkte Augenzeugen des Unfalls standen dem Gericht nicht zur Verfügung, sie waren einfach weitergefahren. Teilnehmer des nachfolgenden Verkehrs berichteten übereinstimmend von einer riesigen Staubwolke.

Ein 46jähriger Lkw-Fahrer, der noch rechtzeitig anhalten konnte, schilderte seine Eindrücke mit den Worten: »Es war das heftigste, was ich je erlebt habe.«

Eine Assistentin aus Jena hatte beim Abbremsen vor der Unfallstelle nackte Füße an der Mittelleitplanke wahrgenommen, sofort einen Notruf abgesetzt und mit einer anderen Pkw-Fahrerin »Erste Hilfe« geleistet. Sie wurden dabei von einem weiteren Kraftfahrer unterstützt.

Den zwei Jenaer Verkehrspolizisten, die kurze Zeit später am Unfallort eintrafen, bot sich ein erschütterndes Bild.

»So etwas habe ich noch nicht gesehen; es war chaotisch: das zertrümmerte Auto, die Verletzten, überall herumliegende Teile, aufgerissene Schultaschen«, berichtete einer der beiden Beamten.

Durch die Angaben der Verkehrspolizei ergab sich folgendes Bild des Unfallhergangs: Der Pkw rutschte von der linken Fahrspur nach rechts, prallte gegen die Böschung und blieb auf der Mittelspur liegen. Die nichtangeschnallten

Fahrzeuginsassen wurden dabei herausgeschleudert. Einer lag rechts auf dem Feld, zwei an der Mittelleitplanke und einer auf der Gegenfahrbahn.

Weil man das Platzen eines Reifens als Ursache vermutete, wurde ein Sachverständiger hinzu gezogen.

Dieser erklärte in seinem Gutachten, es gäbe dafür keinen Anhaltspunkt. Er vermutete als Ursache eine Unaufmerksamkeit des Fahrers. Bei einer Geschwindigkeit von mehr als 120 km/h reiche schon ein Lenkwinkel von 15 Grad in extrem kurzer Zeit aus, das Fahrzeug zu verreißen. Bei diesem Unfall wären angeschnallte Personen wahrscheinlich verletzt, jedoch nicht getötet worden.

Das Schöffengericht befand den Angeklagten schuldig der fahrlässigen Tötung in drei Fällen sowie einer fahrlässigen Körperverletzung. Es verhängte gegen ihn eine Jugendstrafe von einem Jahr und sechs Monaten und setzte diese für zwei Jahre zur Bewährung aus, da der Angeklagte bisher noch keinen Eintrag im Bundeszentralregister besaß. Benno C. erhielt die Auflage, binnen sechs Monaten die Teilnahme an einem Verkehrskurs nachzuweisen. Außerdem hat er während der gesamten Bewährungszeit jeden Monat 70 Euro an die Opferhilfe »WEISSER RING e.V.« Thüringen zu zahlen.

»Eine gerechte Strafe zu finden ist schwierig.« Mit diesen Worten begann Richter Kleßen die Urteilsbegründung. Die Angehörigen der Unfalltoten würden den Angeklagten am liebsten hinter Schloss und Riegel sehen; Bennos Familie dagegen meinte, er sei durch die Unfallfolgen schon bestraft genug. Der Unfall, durch einen groben Fahrfehler verursacht, beruhe auf einem Augenblicksversagen. Es gäbe auch ein Mitverschulden der Opfer – sie hatten sich nicht angeschnallt. Auf die Gurtpflicht sollte jeder Autofahrer achten.

MIT SELBSTMORDGEDANKEN
PKW IN DEN GEGENVERKEHR GELENKT

So mancher Autofahrer war wohl schon mal in der Situation, daß sich ein entgegenkommender Pkw auf seiner Fahrspur befand und er abbremste, weil er befürchtete, der andere würde den Überholvorgang nicht rechtzeitig schaffen. Was aber, wenn es beim Gegenverkehr keinen Überholvorgang gibt, ein einzelner Pkw jedoch direkt auf einen zusteuert? So geschehen im Januar 2008 auf einer Landstraße in der Nähe von Laasdorf. Der damals 22jährige Axel B. befand sich auf dem Heimweg und nahm plötzlich den entgegen kommenden Pkw aufs Korn. In diesem saßen vier Kinder mit ihrer Mutter.

Was für ein Schreck! Die Frau fuhr, soweit es ging, an den rechten Straßenrand und bremste ab. Doch es nützte nicht viel – es kam zu einer Kollision. Ihr Auto rutschte die Böschung hinab, überschlug sich und blieb auf dem Dach liegen. Ein hinzu kommender Verkehrsteilnehmer verständigte per Notruf Polizei und Rettungsdienst.

Nun mußte sich Axel B. am 6. Mai 2009 wegen gefährlichen Eingriffs in den Straßenverkehr, tateinheitlich mit gefährlicher Körperverletzung, vor dem Schöffengericht im Amtsgericht Jena verantworten.

Der Angeklagte war geständig: Er habe am 10. Januar seinen Arbeitsplatz vorzeitig verlassen, weil es ihm gesundheitlich nicht gut ging. Seit 2004 leide er an paranoider Schizophrenie, die in Schüben auftrete. An diesem Tag habe er sich besonders schlecht gefühlt und unter Verfolgungswahn gelitten. Unterwegs hätten sich bei ihm Selbstmordgedanken eingestellt; er habe sich abgeschnallt und sei in das nächste entgegen kommende Auto gefahren.

Das Gericht versuchte in einer zweitägigen Verhandlung die Schuldfähigkeit des Angeklagten zu klären. Dazu wurde auch Axels behandelnde Ärztin gehört, nachdem er sie von ihrer ärztlichen Schweigepflicht entbunden hatte.

Am Ende der Beweisaufnahme gab die Sachverständige für forensische Psychiatrie, Frau Dr. med. Helmburg Göpfert-Stöbe, ein ausführliches Gutachten ab. Darin kam sie zu dem Schluß: Zum Zeitpunkt des Unfalls sei bei Axel B. von einer Aufhebung der Steuerungsfähigkeit auszugehen.

Der Angeklagte befände sich seit dem Jahre 2001 in ärztlicher Behandlung. Seine psychotische Erkrankung sei teilweise genetisch bedingt und durch den Konsum von Cannabis verstärkt worden. Seit fünf Jahren sei Axel B. jedoch bezüglich Drogen abstinent; Voraussetzungen für die Unterbringung in einer Entziehungsanstalt bestünden deshalb nicht.

Auf Grund dieser Einschätzung fällte das Gericht gemäß den Anträgen der Staatsanwältin und des Verteidigers sein Urteil: Der Angeklagte wird freigesprochen. Der Vorsitzende Richter Frank Hovemann erläuterte diese Entscheidung: Axel B. handelte zwar vorsätzlich, aber nicht schuldhaft. Deshalb wird ihm trotz des Freispruchs die Fahrerlaubnis noch für die nächsten drei Monate entzogen. Für die vier Kinder, die beim Unfall einen Schutzengel hatten und nur verhältnismäßig geringe Verletzungen davon trugen, jedoch später an posttraumatischen Folgen litten, muß der Angeklagte insgesamt 4.300 Euro Schmerzensgeld berappen, abzüglich der schon gezahlten 1.300 Euro.

Axel B. bedauerte seine Tat: »Ich hoffe, daß es den Kindern besser geht, und daß sie mir verzeihen können.«

9. Kapitel

SUCHTPROBLEME / BESCHAFFUNGSKRIMINALITÄT

Zu Risiken und Nebenwirkungen fragen Sie Ihren Arzt oder – Verteidiger«, könnte man den bekannten Ausspruch umbenennen, wenn es um strafrechtlich relevante Folgen von Drogenkonsum geht. Viele Drogen, sowohl »legale«, wie z. B. Alkohol und Tabak, als auch »illegale«, wie Cannabis, Kokain, Heroin, Ecstasy und Amphetamine, können eine starke Abhängigkeit hervorrufen, umgangssprachlich als Sucht bezeichnet.

Kennzeichnend für eine Sucht sind Kontrollverlust und ein starkes Verlangen. Um dieses zu befriedigen, kann es zu strafbaren Handlungen kommen, zur Beschaffungskriminalität.

Auch im Amtsgericht Jena kam es diesbezüglich zu mehreren Strafverfahren. *(Mit Küchenmesser Friseursalon überfallen), (Durch Einbrüche Geld für Alkohol beschafft), (Im Vollrausch auf der Straßenkreuzung randaliert), (Gaunerpaar brauchte Drogen und beging Raubüberfälle), (Überall geklaut, um Heroin zu beschaffen)*

Als Cannabis-Selbstversorger Hanf anzubauen, ist ein Verstoß gegen das Betäubungsmittelgesetz (BtMG). *(Hanfplantage als großer Holzhaufen getarnt), (An der Landstraße bei Kunitz Hanf angebaut), (In Mutters Garten am Magdelstieg Hanf angebaut)*

Ebenfalls unter Strafe gestellt ist das Herstellen von Substanzen, die unter betäubungsmittelrechtliche Vorschriften fallen. *(Hobby-Alchimist stellt Drogen her)*

Hart bestraft wird auch, wer mit Betäubungsmitteln handelt. *(Drogen über die Grenze geschmuggelt)*

Die Glücksspielsucht kann oft weitreichende Folgen haben. *(Durch Spielsucht zum Betrüger geworden), (Spielsucht durch Betrügereien finanziert)*

MIT KÜCHENMESSER
FRISEURSALON ÜBERFALLEN

Ich hatte Spätschicht und war gerade alleine, als ein junger Mann mit vorgehaltenem Messer den Laden betrat. Er zeigte auf die Kasse und rief: ›Geld raus!‹ Dann hat er alle Scheine eingesteckt. Als er mit den Händen auf mich los wollte, habe ich geschrien: ›Jetzt reicht's! Raus!‹«, berichtete die Angestellte eines Stadtrodaer Friseursalons.

Der ungebetene Gast, der ihr mit dem riesigen Küchenmesser so große Angst eingejagt hatte, mußte sich am 30. Juli 2003 vor dem Schöffengericht beim Amtsgericht Jena verantworten.

Die Staatsanwaltschaft legte dem 27jährigen Marius V. zur Last, am 4. Februar 2003 eine Person mit Gewalt für Leib und Leben genötigt zu haben. Des weiteren habe der Angeklagte vier Wochen später in Mörsdorf wieder eine Person mit dem Küchenmesser bedroht; hier sei jedoch die räuberische Erpressung im Versuchsstadium stecken geblieben.

Marius war geständig: »Ich hatte massive Alkoholprobleme und brauchte Geld, um mir etwas zum Trinken zu kaufen. Da ist mir nichts Bessres eingefallen, als mit dem Messer loszuziehen.« Auf Nachfragen des medizinischen Sachverständigen gab Marius zu, seit seinem 13. Lebensjahr Alkohol zu trinken. Sein tägliches Quantum in den letzten drei bis vier Jahren sei ein halber Kasten Bier und eine 0,7-l-Flasche Rum. Am Tag des Überfalls auf den Friseursalon habe er sich schon acht Bier »reingezimmert« und eine Flasche Rum geleert. Aus diesen Trinkmengen errechnete der Sachverständige eine Blutalkoholkonzentration von 3,6 Promille.

Am 4. März 2003, als Marius bei der Mutter eines Kumpels mit gezogenem Messer Sturm klingelte, und es dieser nur mit großer Kraftanstrengung gelang, die Haustür wieder zu schließen, wurden nach der Festnahme durch die Polizei noch 2,5 Promille gemessen.

Da der Sachverständige eine Beeinträchtigung der Steuerungs- und Einsichtsfähigkeit nicht ausschließen konnte, zog das Gericht eine verminderte Schuldfähigkeit (nach § 21 StGB) in Betracht, verhängte eine Gesamtstrafe von zwei Jahren und ordnete die Unterbringung von Marius V. in einer Entziehungsanstalt an.

Eine Bewährung gäbe es wegen der negativen Kriminalprognose nicht, so der Vorsitzende Richter Frank Hovemann. Deshalb bleibe auch der Haftbcfchl aufrecht erhalten. Käme der Angeklagte auf freien Fuß, würde er wahrscheinlich wieder trinken und sich unrechtmäßig Geld zum Kauf von Alkohol beschaffen.

DURCH EINBRÜCHE GELD FÜR ALKOHOL BESCHAFFT

David V. stand nicht auf der Sonnenseite des Lebens. Laut Gutachten der medizinischen Sachverständigen war er in einem schwierigen Familienmilieu aufgewachsen, hatte wegen seiner Minderbegabung eine Förderschule besucht. Falsche Freunde verleiteten ihn zum Trinken, er wurde alkoholabhängig und unterzog sich in der Asklepios-Klinik einer Suchttherapie.

Für seine Trunksucht brauchte David Geld. Da kam es ihm gelegen, daß seine Kumpel Einbrüche planten und er mit seiner Geschicklichkeit, schnell Türen und Fenster knacken zu können, Anerkennung erlangen konnte.

Auf das Konto der Bande gingen über ein Dutzend Einbrüche, verbunden mit Diebstahl und Sachbeschädigung. Für zwölf Fälle, begangen von April bis Oktober 2007, hatte sich David nun im September 2009 in einem abgetrennten Verfahren vor dem Amtsgericht Jena zu verantworten.

Staatsanwalt Günther Stephan listete die Straftaten auf, an denen der jetzt 22jährige Angeklagte beteiligt war:

- Zwischen 27. April und 2. Mai Einbruch in die Büroräume einer Hermsdorfer Firma; Diebstahl von Spirituosen im Wert von 50 Euro, angerichteter Sachschaden 1.000 Euro.
- In der Zeit vom 16. bis 18. Mai Fenster eines Bürogebäudes aufgehebelt, einen Kasten Bier und ein Radio entwendet, 1.000 Euro Schaden.
- Am 19. Mai in eine Baufirma eingebrochen, Telefonkabel zerschnitten, Bauschaum versprüht, in Höhe von 300 Euro Schaden verursacht.
- Einen Tag später in einer Transportfirma Segmente der Glasfassade eingeschlagen, 2.000 Euro Schaden.
- Zwischen 16. und 21. Mai gewaltsames Öffnen des Tors zur Wasserwirtschaft Hermsdorf; von einem Lkw den Mercedes-Stern abgebrochen sowie den Zündschlüssel und einen Feuerlöscher gestohlen.
- In der Zeit vom 11. bis 14. Mai im Gewerbegebiet Hermsdorf die Beifahrertür eines Lkw aufgebrochen; ein Navigationsgerät, vier Flaschen Rotwein und Zigaretten entwendet.

- Zwischen 21. und 23. Juli in eine Sporthalle eingebrochen und aus dem Getränkelager der Kantine vier Kästen Bier, zwei Flaschen Schnaps und 15 Euro Bargeld entwendet.
- Am 19. August gegen 23 Uhr im Lager eines Supermarktes Kisten und Leergutflaschen zerschlagen sowie für 120 Euro alkoholische Getränke gestohlen.
- Am 21. August zwei mit Stahlschloß gesicherte Fahrräder entwendet.
- In der Nacht vom 21. zum 22. August Scheiben eines Baucontainers eingeschlagen, 860 Euro Schaden verursacht.
- In derselben Nacht in der Industriestraße in Geschäftsräume eingebrochen, Spinde aufgeknackt; Digitalkamera, Handy und Computer gestohlen; 1.500 Euro Schaden.
- Zwischen 5. und 6. Oktober Einbruch in die Laube eines Schulgartens, ohne etwas mitzunehmen, da sich darin nur Gartengcräte befanden.

Weil David zur Tatzeit Heranwachsender war, beschäftigte sich das Jugendschöffengericht mit seinen Verfehlungen. Der Vorsitzende Richter Andreas Piller beauftragte Dr. med. Helmburg Göpfert-Stöbe mit einem Gutachten, um zu prüfen, ob der § 21 (Verminderte Schuldfähigkeit) des StGB in Betracht käme.

Die Sachverständige sprach von einer emotional instabilen Persönlichkeitsstruktur des Angeklagten. Eine erhebliche Einschränkung des Steuerungsvermögens sei nicht auszuschließen.

Das Gericht berücksichtigte in seiner Entscheidung, daß David im Zustand verminderter Schuldfähigkeit gehandelt hatte und verurteilte ihn zu einer Jugendstrafe von einem Jahr, ausgesetzt für zwei Jahre zur Bewährung.

Mit Unterstützung eines Bewährungshelfers soll David im nächsten halben Jahr eine betreute Wohnform finden und zwölf Suchtberatungstermine wahrnehmen, sowie binnen vier Monaten 100 Stunden gemeinnützige Arbeit leisten.

IM VOLLRAUSCH AUF DER STRASSENKREUZUNG RANDALIERT

Sich bis zum »Filmriß« zuzudröhnen, gehört nicht zu den strafbaren Delikten.

Wer sich jedoch in einen Rausch versetzt und in diesem Zustand eine rechtswidrige Tat begeht, ihretwegen aber nicht bestraft werden kann, weil er infolge des Rausches schuldunfähig war, kann bis zu fünf Jahren Freiheitsstrafe erhalten. (Sinngemäßer Auszug aus dem StGB, § 323 a, Vollrausch)

Ferdinand G., eingeschrieben in Jena an der Fachhochschule mit Studienrichtung Sozialarbeit, gehörte zu diesem Täterkreis und mußte sich am 22. Juli 2009 im Amtsgericht Jena wegen Vollrausches verantworten.

Die Staatsanwaltschaft legte dem 27jährigen Angeklagten zur Last, am Vormittag des 23. Mai 2008 auf der Straßenkreuzung »Am Anger« in Jena randaliert zu haben. Er hätte gegen mehrere Autos getreten, einem Kraftfahrer durch die geöffnete Scheibe einen Faustschlag versetzt sowie einem anderen, der ausgestiegen war, an den Kehlkopf gegriffen und gegen das Knie getreten.

Ferdinand wußte von alldem nichts mehr. Er konnte sich nur noch daran erinnern, am Vorabend mit Biertrinken angefangen zu haben; dann sei er mit einem Kumpel durch die Stadt gezogen und habe sich mit diesem etliche Schnäpschen »genehmigt«. Danach war »Filmriß«. Er sei dann erst wieder in der Psychiatrie zu sich gekommen – im Bett festgebunden.

Richterin Elke Maaß hatte mehrere Zeugen geladen, die zu diesem ungewöhnlichen Vorfall Auskunft gaben. Ein 24jähriger Student berichtete: »Ich sah, wie ein stark Betrunkener auf der Kreuzung herumtorkelte, die Leute beschimpfte und die Autos beschädigte. Da habe ich die Polizei gerufen.«

Ein betroffener Pkw-Fahrer sagte, wegen des grölenden Mannes auf der Kreuzung seien alle Fahrzeuge stehen geblieben. Der Ausgerastete habe gegen die Motorhaube seines Wagens getreten. Als er ausstieg, sei er von diesem am Kragen gepackt und gegen das Knie getreten worden.

Weitere Zeugenvernehmungen rundeten das Bild ab: Der junge Mann sei klatschnaß gewesen, als wäre er gerade aus der Saale gestiegen – mit halb herunter gerutschter Hose.

Ferdinand bedauerte sein Verhalten und entschuldigte sich bei den Geschädigten. Er gab zu, gelegentlich zu kiffen.

Die medizinische Sachverständige sprach von Polytoxikomanie, einem multiplen Substanzgebrauch, umgangssprachlich auch Mischkonsum genannt. Sie wies darauf hin, daß es bei Cannabinoiden in Verbindung mit Alkohol zu gefährlichen Wechselwirkungen kommen kann. Bei Ferdinand G. sei der § 20 StGB (Schuldunfähigkeit) als gegeben anzusehen.

Das Gericht verurteilte den mit sieben Einträgen im BZR (Bundeszentralregister) vorbelasteten Angeklagten wegen vorsätzlichen Vollrausches zu einer Freiheitsstrafe von acht Monaten, ausgesetzt auf drei Jahre zur Bewährung.

Staatsanwalt Rolf Bach hatte zehn Monate gefordert. Verteidiger Rechtsanwalt Andreas Wiese hielt fünf Monate für ausreichend und sprach von fahrlässigem Vollrausch.

Ferdinand G. bekommt einen Bewährungshelfer zur Seite gestellt, hat als Auflage ein Jahr lang an Suchthilfeberatungen teilzunehmen, innerhalb von vier Monaten achtzig Stunden gemeinnützige Arbeit zu leisten und binnen zwei Monaten 100 Euro Schmerzensgeld an den verletzten Autofahrer zu zahlen.

GAUNERPAAR BRAUCHTE DROGEN UND BEGING RAUBÜBERFÄLLE

Es war kein Geld da für Drogen. Da sind wir der Frau vom Bus aus nachgegangen. Ich habe unten gewartet, Robby folgte ihr ins Haus«, berichtete Jenny. Ihr Kumpan ergänzte: »Im Flur habe ich an den Henkel gefaßt und ihr die Tasche weggerissen.« Daß die Geschädigte dabei schrie und stürzte, schilderte ein 13jähriger Zeuge, der sich im Treppenflur des Hauses am Wacholderweg befunden hatte.

Bis jedoch dieses Gaunerpärchen auf frischer Tat ertappt und von einem engagierten Studenten der Polizei übergeben wurde, dauerte es zweieinhalb Monate. In dieser Zeit wurden mehreren älteren oder gehbehinderten Frauen Handtaschen und Geldbörsen entwendet.

Nun mußten sich der 20jährige Robby F. und die 19jährige Jenny S. in einer zweitägigen Verhandlung (13./24. Januar 2000) vor dem Jugendschöffengericht beim Amtsgericht Jena verantworten. Ein ganzer Berg Anklageschriften stapelte sich auf dem Tisch des Staatsanwaltes: Raub in drei Fällen, Diebstahl in elf Fällen, Mißbrauch einer gestohlenen

EC-Karte in sieben Fällen, Verstoß gegen das Betäubungsmittelgesetz in mehreren hundert Fällen.

Seit Februar 1997 nähme sie Heroin, am Anfang durch die Nase, dann gespritzt, gestand Jenny vor Gericht. Später habe sie einmal den Rest einer Spritze dem Robby gegeben, mit den Worten: »Probier's doch auch mal«. Zuerst sei sie mit 0,2 Gramm pro Tag ausgekommen, das habe sich dann auf fünf Gramm für zwei bis drei Tage gesteigert. Für anderthalb Gramm Heroin habe sie in Jena hundert Mark bezahlen müssen, da hätte das Arbeitslosengeld nicht gereicht. Deshalb habe sie in verschiedenen Kaufhallen gestohlen.

Die Staatsanwaltschaft legte Jenny für die Zeit vom 25. November 1998 bis 25. Mai 1999 folgende Diebstähle zur Last: Kopfhörer, Receiver und CD-Player im Wert von 558 DM, Kosmetik für 164 DM, Lebensmittel für 3,88 DM (»Da hatte ich Hunger.«), vier Flaschen Whisky für 118 DM, vier Flaschen Whisky für 76 DM und zwei Schachteln Zigaretten. Am 26. Mai 1999 stahl Jenny gemeinsam mit Robby einen Videorekorder für 399 DM und vier Wochen später entriß sie auf dem Fürstengraben einer Rentnerin die Handtasche mit Papieren und zirka zweihundert DM Bargeld. In jenem Monat begannen auch die gemeinsamen Raubstraftaten.

Nachdem Robby im Wacholderweg eine Handtasche mit 40 DM Bargeld geraubt hatte, erbeutete Jenny ein paar Tage später in der Emil-Wölk-Straße von einer 68jährigen Rentnerin aus deren Einkaufstasche die Geldbörse mit 140 DM. »Ich habe gedacht, die will mich was fragen, aber sie hat mich fixiert wie eine Boa«, erinnerte sich die Geschädigte.

Das nächste Opfer war eine gehbehinderte Frau am Salvador-Allende-Platz. »Wir sahen die und dachten: Mensch, da könnte was herausspringen«, äußerte Robby vor Gericht. Er sei von hinten an sie herangetreten und habe ihr die Tasche entrissen.

Nicht immer lief es für die Überfallenen glimpflich ab. Eine 62jährige Rentnerin, die ihre Tasche nicht losließ, stürzte zu Boden und kugelte sich den Arm aus. »Der hat richtig verzweifelt geguckt, als brauchte er Geld«, schilderte sie ihre Eindrücke vom Täter.

Ihre Heroinabhängigkeit und die damit verbundene Geldnot veranlaßten die beiden Angeklagten, sich als Drogenkuriere zu verdingen. Seit Jahresbeginn 1999 wohnten sie bei Robbys Schwester und holten für deren Ehemann, einen Pakistaner, mindestens zwanzigmal Heroin aus Erfurt. Am 27. Juli wurden sie dann auf der A 4 von der Polizei erwischt und festgenommen.

Nun beantragte der Staatsanwalt für Robby unter Einbeziehung vorangegangener Verurteilungen eine Einheitsjugendstrafe von zweieinhalb Jahren; für Jenny eine Jugendstrafe von dreieinhalb Jahren, sowie die Unterbringung in einer Entziehungsanstalt.

Die Verteidiger hielten Bewährungsstrafen von 20 Monaten beziehungsweise zwei Jahren für ausreichend.

Das Gericht, mit dem Vorsitzenden Richter Detlef Kleßen, verurteilte beide Angeklagte zu Jugendstrafen ohne Bewährung. Robby erhielt zwei Jahre, Jenny zwei Jahre und acht Monate; sie muß zur Langzeittherapie in den Maßregelvollzug.

ÜBERALL GEKLAUT,
UM HEROIN ZU BESCHAFFEN

Zehn Aktenordner stapelten sich auf dem Richtertisch – es hatte sich so allerhand Belastungsmaterial angesammelt gegen den 23jährigen Sandro R. und die 21jährige Nora K. Den beiden wurden am 14. Juni 2000 in der Verhandlung vor dem Schöffengericht beim Amtsgericht Jena 15 Diebstähle sowie 82 Verstöße gegen das Betäubungsmittelgesetz zur Last gelegt.

Die Angeklagten gaben den größten Teil der Diebstähle auch zu und begründeten die Straftaten mit ihrer Drogensucht: Sandro sei mehr als drei Jahre und Nora zwei Jahre heroinabhängig, das bißchen Arbeitslosengeld reiche da nicht aus.

So stahlen sie fast alles, was ihnen unter die Finger kam, und verhökerten es wieder, um sich »Stoff« zu beschaffen: CD-Player, Videorecorder, schnurlose Telefone, Lederjacke, Jogginganzüge, Jeanshosen. Als sie im Eingangsbereich des Uni-Gebäudes ein befestigtes Fernseh-Video-Gerät abschrauben wollten, kam der Sicherheitsdienst hinzu. Auch beim Klauen eines Teletubbys hatten sie kein Glück – die Ladensicherung schlug an. Zu dritt brachen sie dann in einen Keller ein. Sie durchtrennten den Schließring mit einem Seitenschneider, um Werkzeugkasten und Bohrmaschine zu stehlen – da wurden sie gestellt.

Nora war nicht immer dabei gewesen; ihr konnten nur drei einfache Diebstähle und ein versuchter schwerer Diebstahl nachgewiesen werden. Das Gericht verhängte gegen sie eine Freiheitsstrafe von sechs Monaten mit einer Bewährungszeit von drei Jahren.

Auf das Konto von Sandro gingen 15 Diebstähle, wobei einige im Versuchsstadium stecken blieben, sowie 82 Verstöße gegen das Betäubungsmittelgesetz, weil er sich in Erfurt und Jena Heroin beschafft hatte. Dafür erhielt er ein Jahr und sechs Monate, auch mit einer dreijährigen Bewährungszeit.

Beide bekommen einen Bewährungshelfer zur Seite gestellt und müssen Kontakt zur Drogenberatungsstelle aufnehmen. Binnen vier Monaten haben sie gemeinnützige Arbeit zu leisten: Nora 60 und Sandro 120 Stunden.

Erleichtert ließen sie sich nach dem Ende des Verfahrens die Handschellen abnehmen, denn beide saßen seit Mai in Haft, da sie zu ihrer Verhandlung im März nicht erschienen waren und gegen sie ein Vorführungshaftbefehl erlassen worden war.

HANFPLANTAGE ALS GROSSER HOLZHAUFEN GETARNT

Mit dem Anbau von Hanfpflanzen hatten sie sich selbst mit Marihuana versorgen wollen. Doch die Sache ging schief. Nun mußten sich vier Männer im Alter von 26 bis 47 Jahren am 22. April 2009 vor dem Schöffengericht beim Amtsgericht Jena wegen des Verstoßes gegen das Betäubungsmittelgesetz verantworten.

Der 26jährige Ronald H., von Beruf Maurer, und der 33jährige Thorsten D., arbeitsloser Betriebswirt, wurden aus der Justizvollzugsanstalt (JVA) vorgeführt, dort saßen sie seit ihrer Festnahme vom 10. November 2008 in Untersuchungshaft.

Beide gestanden ein, seit zehn Jahren unerlaubte Drogen zu konsumieren. Anfang vorigen Jahres seien sie auf die Idee gekommen, sich mit dem Rauschmittel selbst zu versorgen. Bei Bekannten in der Nähe von Jena begannen sie im Mai mit dem Anbau von Hanf. Als Aufzuchtanlage diente ein alter Schuppen, dessen Zugang gut getarnt war: Die Tür wurde mit Attrappen von Holzscheiten beklebt, so daß ungebetene Gäste einen großen Brennstoffvorrat vermuten mußten.

Im September konnte die erst Ernte eingefahren werden. Danach wurden erneut vierzig Hanfpflanzen aufgezogen.

Beim Verkauf von 72,5 Gramm Blütenmaterial wurde Ronald erwischt und zusammen mit Thorsten inhaftiert.

Die Besitzer des Schuppens mit der Indoor-Plantage, der 49jährige Rudolf K. und der 30jährige Mike Z., erhielten für die Vermietung je 245 Euro als anteiligen Gewinn. Ihnen wurde nun Beihilfe zum Handeltreiben mit Betäubungsmitteln zur Last gelegt. Sie erhielten neun Monate bzw. ein Jahr Freiheitsstrafe mit einer zweijährigen Bewährungszeit. Als Auflage hat jeder 250 Euro an die ambulante Drogenhilfe »Chamäleon« des DRK Jena zu zahlen.

Gegen den noch nicht vorbelasteten Thorsten D. wurde eine Strafe von einem Jahr und fünf Monaten verhängt. Ronald H., bei dem fünf Einträge im Bundeszentralregister zu Buche schlugen, bekam zwei Jahre. Diese Strafen wurden für drei Jahre zur Bewährung ausgesetzt. Beide erhalten einen Bewährungshelfer, haben Kontakt zur Suchtberatung aufzunehmen und sich im ersten Jahr alle drei Monate einem Drogenscreening zu unterziehen.

Das Gericht, mit dem Vorsitzenden Richter Frank Hovemann, hob den Haftbefehl gegen Ronald H. und Thorsten D. auf.

AN DER LANDSTRASSE BEI KUNITZ
HANF ANGEBAUT

Ja, ich habe Hanfpflanzen angebaut, damit ist aber niemand geschädigt worden«, bestätigte Patrick V. am 15. Februar 2012 im Strafverfahren vor dem Schöffengericht beim Amtsgericht Jena den Vorwurf des Verstoßes gegen das Betäubungsmittelgesetz (BtMG). Er habe die Cannabissamen geschenkt bekommen und sie in freier Natur neben der Landstraße bei Kunitz ausgestreut. Die Erträge aus dieser Zucht seien für den Eigenkonsum gedacht, er habe damit nicht gehandelt und sich den Gang zum Dealer sparen wollen.

Die Staatsanwaltschaft hatte dem 25jährigen Studenten unerlaubten Besitz von Betäubungsmitteln in einer nicht geringen Menge zur Last gelegt, denn bei Patrick seien am 4. November 2011 während einer Wohnungsdurchsuchung 1.173 Gramm Marihuana (getrocknetes Blütenmaterial der Hanfpflanze) gefunden worden. Das entspräche laut Behördengutachten des Thüringer Landeskriminalamtes einer Wirkstoffmenge von 29,4 Gramm THC (Delta-9-Tetra-Hydro-Cannabiol), erläuterte die Staatsanwältin.

Für den Umgang mit einer nicht geringen Menge, die nach einer Entscheidung des Bundesgerichtshofs (BGH) bei einer Wirkstoffmenge von 7,5 Gramm THC beginnt, ist gemäß § 29a BtMG eine Strafandrohung von mindestens einem Jahr vorgesehen.

Die Staatsanwältin plädierte für eine Freiheitsstrafe von einem Jahr und zehn Monaten, da der Angeklagte schon einschlägig vorbestraft sei. Er habe kurze Zeit nach seiner Verurteilung wegen Drogenbesitzes im Mai letzten Jahres wieder Hanf angebaut. Die Staatsanwältin sprach sich auch gegen eine Bewährung aus; damit solle Patrick quasi zu einer stationären Therapie gezwungen werden. Nach deren erfolgreicher Absolvierung könne dann die Vollstreckung der Reststrafe zur Bewährung ausgesetzt werden.

Das Gericht, mit dem Vorsitzenden Richter Frank Hovemann, folgte in seiner Entscheidung dem Antrag der Staatsanwältin.

Bei der Urteilsverkündung traten Patrick Tränen in die Augen, hatte er doch nach seinem freimütigen Geständnis auf eine Bewährung gehofft, um sein Studium fortsetzen und eine ambulante Therapie beginnen zu können.

IN MUTTERS GARTEN AM MAGDELSTIEG HANF ANGEBAUT

Mike F. ist 33 Jahre alt, ohne Berufsausbildung und ohne Arbeit. Finanzielle Unterstützung erhält er von seiner Mutter. Doch das reicht oft nicht aus, zumal er sich ab und zu einen Joint leistet. So kam Mike auf die Idee, für den Eigenbedarf in Mutters Garten am Magdelstieg Hanf anzubauen. Seine gärtnerische Tätigkeit währte jedoch nicht lange: Am 6. September 2011 fand bei ihm eine Wohnungsdurchsuchung statt – ein Dealer hatte der Polizei seinen Namen genannt. Außer den Cannabisprodukten wurden eine Präzisionsschleuder gefunden, 26 Stahlkugeln sowie 32 Patronen verschiedenen Kalibers. Nun mußte sich Mike am 9. Januar 2013 wegen des Verstoßes gegen das Betäubungsmittelgesetz sowie unerlaubten Waffenbesitzes verantworten.

Staatsanwalt Rolf Bach führt in der Anklageschrift aus, die zwei großen Hanfpflanzen, die 18 Stecklinge sowie das getrocknete Material hätten zwar nur einen sehr geringen Wirkstoffgehalt (zwischen 0,12 und 2,28 Prozent), doch das gesamte Material mit 820 Gramm würde eine Wirkstoffmenge von 14,27 Gramm THC (Delta-9-Tetra-Hydro-Cannabinol) ergeben. Damit handele es sich um eine nicht geringe Menge und werde mit einer Strafe von mindestens einem Jahr geahndet. Die beschlagnahmte Präzisionsschleuder gehöre zu den verbotenen Waffen; auch der Besitz der Munition sei ein Verstoß gegen das Waffengesetz.

Die Verteidigerin, Rechtsanwältin Kirstin Pietrzyk, erklärt nach einer Verfahrensabsprache, der Angeklagte räume die ihm zur Last gelegten Straftaten ein. Der sehr geringe Wirkstoffgehalt der Cannabispflanzen zeige, daß es sich nicht um einen professionellen Anbau handele, sondern nur dem Eigenbedarf diene. Die Präzisionsschleuder habe Mike mit 15 Jahren auf einer Klassenfahrt in San Marino erworben, sie sei damals noch nicht verboten gewesen. Er habe diese nicht benutzt. Die Patronen hätte sein Vater aus einem Waffenkatalog für Sammler bestellt.

Das Schöffengericht, mit dem Vorsitzenden Richter Frank Hovemann, verhängt gegen den bisher nicht vorbelasteten Angeklagten eine Freiheitsstrafe von einem Jahr und zehn Monaten und setzt diese für zwei Jahre zur Bewährung aus. Als Auflage hat Mike F. binnen vier Monaten 160 Stunden gemeinnützige Arbeit zu leisten sowie Kontakt zu einer Suchtberatungsstelle herzustellen und diesen nicht schuldhaft abzubrechen.

HOBBY-ALCHIMIST STELLT DROGEN HER

Da staunten die Zuhörer – Sozialversicherungsfachange-stellte im dritten Lehrjahr des Berufsschulzentrums der Karl-Volkmar-Stoy-Schule –, wie leicht und einfach man Substanzen herstellen kann, die unter das Betäubungsmittelgesetz fallen.

Das hier solle keine Anleitung zum Nachahmen sein, warnte der Vorsitzende Richter Frank Hovemann am 1. Februar 2006 in der Verhandlung des Schöffengerichts beim Amtsgericht Jena die anwesenden Jugendlichen.

Die Staatsanwaltschaft hatte dem 39jährigen Adrian L. zur Last gelegt, von Anfang 2002 bis Februar 2005 in dreißig Fällen unerlaubt Betäubungsmittel in nicht geringer Menge hergestellt zu haben. Der Angeklagte habe in diesen dreißig Handlungen jeweils aus einem Cocktail verschiedener Zutaten 750 Gramm Gamma-Hydroxy-Buttersäure (GHB), die seit dem Jahr 2002 unter betäubungsmittelrechtliche Vorschriften fällt, hergestellt.

Aufgeflogen war seine Alchimistenküche, als nach einem Ermittlungsverfahren gegen die Versender der Grundstoffe zur GHB-Herstellung auch eine Wohnungsdurchsuchung bei Adrian erfolgte. Man fand bei ihm in einer Plasteflasche noch insgesamt 819 Gramm GHB.

Er hätte früher einmal Alkoholprobleme gehabt, sei aber nach einer Therapie seit 1998 »trocken«, erläuterte der Angeklagte. Er habe sich nach einem Ersatz umgesehen und im Internet gestöbert. Dabei sei er auf einen Bericht über GHB gestoßen. Weil es nicht abhängig machen soll und leicht hergestellt werden könne, habe er es ausprobiert. Er wisse auch darüber Bescheid, daß GHB gefährlich sein kann, wenn man sie mit Alkohol oder Drogen nimmt; da kann es zur Atemlähmung kommen. Das habe er nicht getan, sondern GHB nur in geringer Dosis zum Entspannen nach einem anstrengenden Arbeitstag konsumiert.

Er habe es nur für den Eigenbedarf synthetisiert – vierteljährlich 750 Gramm GHB – und niemandem davon erzählt.

Adrians Verteidiger, Rechtsanwalt Alexander Suck, belegte anhand der gelieferten Natriumhydroxid-Flaschen, daß man maximal von zwanzig Fällen ausgehen könne. Auch würden die daraus hergestellten Konsumeinheiten nicht die magische Grenze der »nicht geringen Menge« überschreiten. Also käme nicht eine Verurteilung nach § 29a (Strafe ab einem Jahr aufwärts), sondern nach § 29 BtMG (Freiheitsstrafe oder Geldstrafe) in Betracht.

Richter Hovemann führte mit den prozeßbeteiligten Juristen ein Rechtsgespräch mit dem Ergebnis, daß bei geständiger Einlassung des Angeklagten eine Strafobergrenze von zehn Monaten nicht überschritten werde.

Daraufhin gab Adrian zu, in sechzehn Fällen GHB hergestellt zu haben.

Staatsanwältin Christina Fesser beantragte, vierzehn der angeklagten Fälle im Hinblick auf die restlichen Taten einzustellen. Sie plädierte auf eine Gesamtstrafe von zehn Monaten, auszusetzen für zwei Jahre zur Bewährung.

Das Gericht folgte in seinem Urteil den Anträgen von Staatsanwaltschaft und Verteidigung; es wandte den § 29 des Betäubungsmittelgesetzes an, verhängte gegen Adrian L. wegen unerlaubten Herstellens von Betäubungsmitteln in sechzehn Fällen eine Freiheitsstrafe von zehn Monaten und beschloß, diese für zwei Jahre zur Bewährung auszusetzen.

Der Richter begründete: Da es offensichtlich keine Hinweise für eine entstandene Sucht gibt und der Angeklagte in einem festen Arbeitsverhältnis steht, könne ihm eine positive Kriminal- und Sozialprognose gestellt werden.

DROGEN ÜBER DIE GRENZE GESCHMUGGELT

Man traut dem 44jährigen Mann, der zur Verhandlung von den Justizwachmeistern in den Gerichtssaal geführt wird, all die vorgeworfenen Straftaten gar nicht zu. Er scheint inzwischen geläutert, gibt sich als optimistischer Sunnyboy. Doch als am 6. Februar 2015, dem fünften Prozeßtag, das Urteil gefällt wird, verfinstert sich sein Gesicht: Mit vierzig Monaten Freiheitsstrafe hatte er doch nicht gerechnet.

Das Schöffengericht beim Amtsgericht Jena befand Torben B. schuldig der vorsätzlichen und der gefährlichen Körperverletzung, der Bedrohung, des Besitzes und des Erwerbs von Betäubungsmitteln in vier Fällen, des Handeltreibens mit Betäubungsmitteln in zwölf Fällen, der Einfuhr von Betäubungsmitteln und des Fahrens ohne gültige Fahrerlaubnis.

Es berücksichtigte eine verminderte Schuldfähigkeit des Angeklagten und verhängte eine Freiheitsstrafe von drei Jahren und vier Monaten.

Der Vorsitzende Richter Frank Hovemann begründete die Entscheidung des Gerichts: Torben B. habe zur Finanzierung des eigenen Drogenkonsums in mindestens zwölf Fällen mit Betäubungsmitteln Handel getrieben. Er sei ohne gültige Fahrerlaubnis bis zur tschechischen Grenze gefahren, um aus dem Nachbarland die äußerst gefährliche synthetische Droge Crystal Meth zu erwerben. Der mit 24 Einträgen im Bundeszentralregister vorbelastete Angeklagte habe sich außerdem der mehrfachen Körperverletzung strafbar gemacht. So sei ein ehemaliger Kumpel, der ihn in einer Spielothek wegen seiner Schulden ansprach, von ihm in den »Schwitzkasten« genommen und gegen einen Automaten gestoßen worden. Ein anderes Mal habe er einen Pkw-Fahrer, der an einer Tankstelle sein Auto leicht touchiert hatte, mit den Fäusten ins Gesicht geschlagen. Da ein medizinischer Sachverständiger dem Angeklagten eine massive multivalente Abhängigkeitserkrankung bescheinigt habe, werde die Unterbringung in einer Entziehungsanstalt angeordnet.

Die prozeßbeteiligten Juristen sowie Torben B. verzichteten auf das Einlegen von Rechtsmitteln gegen das Urteil; somit wurde dieses rechtskräftig.

DURCH SPIELSUCHT ZUM BETRÜGER GEWORDEN

Seine Spielsucht sei an allem Schuld, begründete der 43jährige Harald M. am 24. November 2004 vor dem Schöffengericht beim Amtsgericht Jena die Veruntreuung von mehr als 120.000 Euro. Der anfangs so erfolgreiche Mitarbeiter einer Frankfurter Vermögensberatungsfirma, dessen Aktivitäten sich von Bad Klosterlausnitz bis nach Jena und Eisenberg erstreckten, befand sich im zweiten Jahr eines privaten Insolvenzverfahrens, hatte eine halbe Million Euro Schulden sowie jetzt eine zur Verhandlung stehende Anklage wegen schweren Betrugs in siebzehn Fällen.

Harald M. hatte seinen Kunden zugesagt, ihr Geld in hoch verzinste Anlageformen zu investieren, veruntreute es aber zur Befriedigung seiner Spielsucht. Doch die Spielgewinne blieben aus und er konnte die Gelder seiner Klienten nicht zurückzahlen.

So entstand laut Anklageschrift im Zeitraum von 1998 bis 2002 bei fünf geprellten Personen ein Gesamtschaden von 121.646 Euro. Nach § 263 (3) StGB wäre das wegen eines Vermögensverlustes großen Ausmaßes und einer Mehrzahl geschädigter Menschen als Betrug in besonders schwerem Fall zu ahnden.

Der Vorsitzende Richter Frank Hovemann hatte für diese Verhandlung zwei Prozeßtage vorgesehen, doch dank einer Verfahrensabsprache zwischen den Juristen und eines geständigen Angeklagten konnte sich das Gericht die Vernehmung der Zeugen ersparen.

Die Geschädigten hätten in diesem Strafprozeß eh keine Schadenersatzansprüche stellen können, so der Richter, sie haben aber die Möglichkeit, in einem Zivilverfahren einen Titel (Antrag zur Vollstreckung von Forderungen beim Schuldner) gegen den Angeklagten zu holen.

Die Aussicht für die Betrogenen, ihr Geld wiederzubekommen, ist jedoch sehr gering, denn Harald M. besitzt kein Vermögen. Von rund 695 Euro Verdienst bei einer Zeitarbeitsfirma werden gleich 262 Euro Unterhaltspfändung abgezogen.

Das Gericht verhängte gegen den mittellosen Angeklagten eine Gesamtstrafe von einem Jahr und zehn Monaten; es setzte diese für zwei Jahre zur Bewährung aus, da Harald M. noch nicht vorbestraft war.

SPIELSUCHT
DURCH BETRÜGEREIEN FINANZIERT

Ich bin spielsüchtig«, gab Max G. im Gerichtssaal unumwunden zu. Er habe deshalb sogar aus der Kasse der Eisenberger Spielothek, in der er zeitweise angestellt war, Geld genommen. Durch den Finanzbedarf für seine Sucht sei es dann zu mehreren Betrügereien gekommen.

Vierzehn Aktenbündel stapelten sich nun vor der Staatsanwältin Christina Fesser am 4. Juni 2008 in der Verhandlung vor dem Schöffengericht beim Amtsgericht Jena.

Neben dem 34jährigen Max G. saßen noch zwei weitere Angeklagte auf der Sünderbank: der 49jährige Moritz S. und die 46jährige Karla D. Ihr Tatbeitrag war geringer und umfaßte jeweils nur zwei Vergehen.

Die Betrügermasche von Max bestand mehrmals darin, daß er dem Träger seiner Haftpflichtversicherung Schäden aus fingierten Unfällen meldete. Dabei hatten die Unfälle gar nicht stattgefunden; die Schäden an den Fahrzeugen stammten aus vorangegangenen Karambolagen. So zahlte die Versicherung in einem Fall 1.998,16 Euro und ein anderes Mal 1.577,28 Euro. Das Geld teilte sich Max dann mit den jeweils involvierten Kumpanen.

Beim Betrugsversuch blieb es, als Max der Kaskoversicherung meldete, er sei beim MediaMarkt gegen eine Säule gefahren und die Vorschäden an seinem Auto verschwieg. Der Versicherer entdeckte die Falschangaben und zahlte nicht.

Karla war in eine der Betrügereien von Max verwickelt: Am 28. Juni 2004 gab sie bei ihrer Versicherung eine Schadensanzeige ab, in der sie behauptete, beim Einparken den

Pkw von Max G. beschädigt zu haben. Daraufhin wurde für eine fiktive Reparatur ein Betrag von 1.725 Euro gezahlt.

Moritz hatte seinem Kumpel Max in zwei Fällen Schützenhilfe geleistet. Zunächst täuschte er am 15. September 2004 seiner Versicherung vor, mit seinem Pkw die Vorfahrt von Max G. mißachtet und dadurch dessen Wagen beschädigt zu haben. Doch der Versicherer roch den Braten und lehnte eine Schadensregulierung ab.

Als Max am 16. November 2004 in einer schriftlichen Zeugenaussage bei der Polizei eine Straftat vortäuschte, indem er angab, Moritz S. habe ihm die Vorfahrt genommen und dadurch sei es zu einem Unfall gekommen, bestätigte Moritz diese Darstellung über den abgesprochenen Zusammenstoß.

Aus prozeßökonomischen Gründen (26 Zeugen und sechs Gutachter hätten gehört werden müssen) regte der Vorsitzende Richter Frank Hovemann ein Rechtsgespräch zwischen den verhandlungsbeteiligten Juristen an. In dieser Verfahrensabsprache wurden Strafobergrenzen vereinbart, falls sich die Angeklagten geständig einließen.

Karla D. räumte über ihren Verteidiger den ersten der beiden gegen sie erhobenen Tatvorwürfe ein, der zweite wurde im Hinblick auf den ersten eingestellt. (§ 154 StPO – Unwesentliche Nebenstrafen). Nachdem Karla in einer Verhandlungspause gleich bei der Gerichtskasse 400 Euro einzahlte, wurde das Verfahren gegen sie nach § 153 StPO (geringe Schuld des Täters) eingestellt.

Moritz S., der schon mit einer Geldstrafe von 15 Tagessätzen vorbelastet war, erhielt unter deren Einbeziehung eine Gesamtstrafe von 35 Tagessätzen. Die Höhe eines Tagessatzes wurde gemäß dem Einkommen des als Kraftfahrer tätigen Angeklagten auf 35 Euro festgelegt. So muß Moritz also 1225 Euro berappen.

Max G. wurde vom Gericht zu neun Monaten verurteilt. Diese Freiheitsstrafe muß er hinter Gittern verbringen, da er bereits zwei Einträge im Bundeszentralregister mit insgesamt 50 Betrugsfällen besaß. Wegen der hohen Schadenssumme (11.644 Euro seien geflossen), der Vielzahl der Straftaten und noch anhängiger Verfahren könne es keine Bewährung geben, so der Richter.

10. Kapitel

BETRUG UND UNTREUE

W er in der Absicht, sich oder einem Dritten einen rechtswidrigen Vermögensvorteil zu verschaffen, das Vermögen eines anderen dadurch beschädigt, daß er durch Vorspiegelung falscher oder durch Entstellung oder Unterdrückung wahrer Tatsachen einen Irrtum erregt oder unterhält, wird mit Freiheitsstrafe bis zu fünf Jahren oder mit Geldstrafe bestraft.« heißt es im § 263 (Betrug) des StGB (Strafgesetzbuches).

Vergehen, die den Straftatbestand des § 263 (Betrug) sowie des § 266 (Untreue) erfüllten, waren des öfteren im Amtsgericht Jena Verhandlungsgegenstand.

Besonders in der Nachwendezeit häuften sich solche Verfahren. *(Beteiligungszertifikate waren nur Makulatur),* *(Für die Reservierung von Luftschlössern 24.000 DM kassiert), (Betrügerischer Tischlermeister muß ins Gefängnis), (Versandhandel mit getürkten Adressen geprellt)*

Mit der stärkeren Nutzung des Internets kamen dann Fälle des Computerbetrugs hinzu. *(Gutscheine im Internet mißbraucht), (»Warenagent« aus Jena aufgeflogen)*

Oft waren mit den Betrügereien auch strafbare Handlungen der Urkundenfälschung (§ 267) verbunden. *(Ominöse Überweisungen in der Sparkasse), (Pflegefälle im Amt selbst erfunden)*

Aus reiner Geldgier oder auch auf Grund wirtschaftlicher Schwierigkeiten wurden einfache Menschen zu Straftätern.

(Komplizin des »falschen Honeckers« verurteilt), (Hausverwalter wegen Untreue vor Gericht)

Selbst eine Sachbearbeiterin des Sozialamtes mußte sich vor Gericht verantworten. *(Städtische Gelder aufs eigene Konto)*

BETEILIGUNGSZERTIFIKATE WAREN NUR MAKULATUR

Man nehme die Kopie eines Beteiligungszertifikats, ändere darauf die Firmennamen, füge ein paar Ergänzungen hinzu, lasse es von einem Graphiker in schnörckliger Schrift gestalten, gebe es zum Druck auf Qualitätspapier und bringe es mit Überzeugung an den Mann bzw. die Frau – und schon hat man einige 100.000 DM auf dem Konto.

So geschehen in Jena ein paar Jahre nach der Wende. Die hereingelegten Geldanleger zogen vor Gericht und die beiden Hauptangeklagten schoben sich gegenseitig in der zweitägigen Verhandlung (28. Juni und 5. Juli 2000) vor dem Schöffengericht beim Amtsgericht Jena den »schwarzen Peter« zu. Die Staatsanwaltschaft hatte dem jetzt in Pößneck wohnenden 48jährigen Wolfram B. und dem aus München stammenden 51jährigen Erwin B. sowie dessen Lebensgefährtin, der 28jährigen Jenenserin Andrea K., Betrug zur Last gelegt. Rund 200.000 DM seien noch offen, die mehrere Geldanleger aus Jena und anderen Orten Thüringens bisher nicht zurückbekommen hätten.

Wolfram B. nahm zum Tatvorwurf Stellung und berichtete: Er sei nach der Wende als Finanzanlagenberater tätig gewesen und habe 1992 den Mitangeklagten Erwin B. kennen gelernt, den er für den Geschäftsführer der TerraCon-Immobilien GmbH gehalten habe. Dieser hätte seinen Plan unterstützt, sich selbstständig zu machen, und habe sich auch über seine Lebensgefährtin mit 60 Prozent an der 1993 gegründeten Firma CapCon Treuhand- und Vermögens-GmbH beteiligt. Die TerraCon habe marode Altbauten aufgekauft, diese saniert und dann wieder verkauft. Die

CapCon sei bei der Vermittlung der Objekte tätig gewesen und habe dafür Provisionen bekommen. Er selbst war zwar als Geschäftsführer bei der CapCon eingetragen, aber der »Macher« sei Erwin B. gewesen, dessen Erfahrung als »Wessi« er voll vertraut habe. Auch der Entwurf der Beteiligungszertifikate sei durch Erwin B. erfolgt, mit dem er einen horrenden Beratervertrag abgeschlossen habe und der dann zusammen mit Frau Andrea K. Büroräume der CapCon in der Oberlauengasse bezog. Wolfram B. versicherte, daß er das Geld der Anleger an die TerraCon weiter geleitet habe. Erst als er merkte, daß die TerraCon keine liquiden Mittel mehr besaß, schwante ihm etwas. Da habe er dann im Mai 1995 in Gera Antrag auf Gesamtvollstreckung gestellt.

Ganz anders hörten sich dagegen die übereinstimmenden Aussagen von Erwin B. und Andrea K. an: Die Idee mit den Beteiligungszertifikaten stamme nicht von ihnen, sondern von Wolfram B. Eines Tages sei er mit der Kopie eines Zertifikates der Firma Alpha angekommen, für die er zuvor als Vermittler gearbeitet hatte und die auch Konkurs anmelden mußte. Er habe auf dem Papier nur den Firmennamen ausgetauscht und ein paar Änderungen vorgenommen. Die Werbung von Geldanlegern und die Einzahlung der Beträge sei ausschließlich über Vermittler von CapCon gelaufen, damit hätten sie beide nichts zu tun gehabt. Als die TerraCon Liquiditätsengpässe hatte, habe Wolfram B. der Firma mit Darlehen, die aus dem Geld der Anleger stammten, ausgeholfen. Diese Darlehen habe die CapCon aber wieder zurück erhalten, bis auf zu verrechnende Leistungen und Vorschüsse.

Als Beleg für diese Angaben überreichte Erwin B. dem Gericht Ausdrucke des Computers, über den die Buchhaltung sowohl der TerraCon als auch der CapCon lief. Damit hatte der »Ossi« wieder den »schwarzen Peter«.

Am Ende der Beweisaufnahme und nach den Plädoyers des Staatsanwaltes und der Verteidiger verkündete der Vorsitzende Richter Frank Hovemann die Entscheidung des Gerichts: Der Angeklagte Wolfram B. ist schuldig des Betrugs in clf Fällen. Er wird zu einer Gesamtfreiheitsstrafe von zwei Jahren verurteilt, die für zwei Jahre zur Bewährung ausgesetzt wird. Als Auflage hat er binnen vier Monaten 400 Stunden gemeinnützige Arbeit zu leisten.

Das Verfahren gegen Andrea K. und Erwin B. wurde nach § 153 und § 153 a der Strafprozeßordnung eingestellt. Erwin B. zahlte eine Geldbuße von 5.000 DM, äußerte aber im Hinblick auf etwaige zivilrechtliche Forderungen der geprellten Anleger, daß diese Zahlung kein Schuldeingeständnis bedeute.

FÜR DIE RESERVIERUNG VON LUFTSCHLÖSSERN 24.000 DM KASSIERT

Das Geld könnt ihr euch in die Esse schreiben«, zitierte ein Geschädigter den Bauleiter der Profitabel Geschäfts GmbH & Co Vertriebs KG i. G., als er sich nach dem Baubeginn eines Wohn- und Geschäftshauses in Porstendorf erkundigte; er hatte schon 12.075 DM Reservierungskosten an den Geschäftsführer gezahlt. Der Geschäftsführer Pieter E., der zur Zeit des Abschlußes des Reservierungsvertrages diese Stellung schon nicht mehr inne hatte, mußte sich am 8. September 1999 vor dem Schöffengericht beim Amtsgericht Jena wegen Betrugs verantworten.

In der Anklageschrift hieß es: Beim Abschluß der Verträge habe der Angeschuldigte verschwiegen, daß er nicht berechtigt war, im Auftrag der Firma Profitabel zu handeln, da das Registergericht in Gera es am 21. Juni 1993 abgelehnt hatte, die Firma in das Handelsregister einzutragen.

Die Gesellschafterin dieses Unternehmens, die bis Ende 1993 mit Pieter E. liiert war, sagte als Zeugin vor Gericht aus, daß er von ihr keine Vollmacht zum Abschluß von Verträgen erhalten hätte. Er habe zwar großes Verkaufsgeschick bewiesen und »hätte sogar seine Großmutter verkauft«, wurde aber noch 1992 als Geschäftsführer abgelöst, »weil seine Schufa-Auskunft nicht sauber war«. Nun habe er sie mit 150.000 Mark Schulden sitzen gelassen.

Als der Angeklagte, der sonst von seinem Recht auf Aussageverweigerung Gebrauch machte, die Zeugin nach dem Firmenwagen fragte, wohl um zu belegen, daß er noch in Amt und Würden war, ging der Schuß nach hinten los: »50.000 Mark mußte ich bezahlen, weil du betrunken den Wagen in den Graben gesetzt hast.«

Auch der andere Geschädigte, der 1993 das Büro der Firma Profitabel aufsuchte, bezahlte an Pieter 12.075 DM Reservierung für ein »Luftschloss« in Porstendorf. Er hatte ebenfalls sein Geld nicht zurückbekommen, als die Wohnanlage wegen fehlender Genehmigung und aus Finanzmangel nicht gebaut werden konnte.

Das Gericht verurteilte den Angeklagten wegen Betrugs in zwei Fällen zu einer Gesamtstrafe von einem Jahr, ausgesetzt für vier Jahre zur Bewährung. Als Auflage hat Pieter E. binnen vier Monaten 200 Stunden gemeinnützige Arbeit zu leisten oder den beiden Geschädigten in monatlichen Raten von 100 DM Entschädigung zu zahlen.

BETRÜGERISCHER TISCHLERMEISTER MUSS INS GEFÄNGNIS

Der Name des Angeklagten sei ihr ein Begriff, das wäre 1992/93 ihr erster Betrugsfall gewesen, äußerte am 2. Juni 1999 eine als Zeugin vernommene Polizistin im Strafverfahren vor dem Schöffengericht beim Amtsgericht Jena.

Seit dieser Zeit hatte sich die Anzahl der Vergehen des jetzt 43jährigen Udo B. enorm erhöht, von denen nun fünf Fälle verhandelt wurden. Die Staatsanwaltschaft erhob Anklage wegen Betrugs, Diebstahls, Unterschlagung und Vereitelung einer Zwangsvollstreckung.

Während der Angeklagte noch am ersten Verhandlungstag seine Machenschaften leugnete, herunterspielte oder beschönigte, entschloß er sich zwei Wochen später, angesichts des Aufmarsches von einem Dutzend Zeugen, seine Missetaten einzugestehen.

Udo B. gab zu, im Dezember 1993 bei einer Hermsdorfer Firma Holzverarbeitungsmaschinen im Wert von 40.000 DM bestellt zu haben, obwohl er wußte, daß er die monatlichen Raten von rund 3.000 DM nicht werde zahlen können.

Kurz zuvor aus dem Bereich Erfurt nach Jena wechselnd, hatte er in Zöllnitz geheiratet, den Namen seiner Frau angenommen und in der Keßlerstraße eine Schreinerei aufgemacht. Doch die erhofften Aufträge kamen nicht. Die Hermsdorfer Firma wollte ihre Maschinen wiederhaben, nachdem die Raten ausblieben und ein Wechsel geplatzt war. Auch sein in Zahlung gegebener VW Passat Kombi reichte zur Tilgung der Schulden nicht aus. So stand im August 1996 der Gerichtsvollzieher vor der Tür. Doch es waren nicht mehr alle Geräte vorhanden. Udo B. hatte unter anderem eine Bandsäge, einen Schleifbock und eine Kreissäge an einen anderen Standort in der Theobald-Renner-Straße gebracht.

Zuvor hatte Udo B. im März 1996 bei einem Kaufmann aus Langenorla 178 Quadratmeter nordische Fichte bestellt und ebenfalls nicht bezahlt. Auf den Rechnungsbetrag von 2.951,54 DM wartet die Firma immer noch.

Als Diebstahl in besonders schwerem Fall werteten Staatsanwalt und Gericht das Entwenden eines Kleinbaggers aus Gernewitz im Sommer 1998. In diesem Zeitraum hatte Udo B. schon den Diebstahl eines Raupenbaggers aus Cospeda organisiert, indem er einem Fuhrunternehmer aus Schorba den Auftrag erteilte, diesen Bagger von einem angeblich zu beräumenden Grundstück der Gemeinde abzuholen.

Von diesem Fuhrunternehmer lieh sich Udo B. auch einen Minibagger aus, den er jedoch nicht zurückbrachte, sondern an Bekannte weitergab. Das wurde ihm als Unterschlagung zur Last gelegt.

Staatsanwältin Christina Fesser sprach von einer desolaten Geschäftslage, in der sich der Angeklagte befunden habe. Durch das Verschweigen des Nichtzahlenkönnens habe Udo B. eine Vermögensschädigung herbeigeführt. Sie beantragte in ihrem Plädoyer eine Gesamtfreiheitsstrafe von zwei Jahren, deren Vollstreckung noch zur Bewährung ausgesetzt werden könnte, und eine Auflage von 60 Stunden gemeinnütziger Arbeit.

Der Verteidiger, Rechtsanwalt Osthoff, hielt eine Strafe von anderthalb Jahren für tat- und schuldangemessen. Sein Mandant sei davon ausgegangen, mit entsprechenden Aufträgen soviel zu erwirtschaften, daß er damit die Maschinen und Geräte hätte bezahlen können.

Zuletzt wurde dem Angeklagten Udo B. das Wort erteilt: »Ich wollte mich nicht bereichern, sondern nur wieder auf die Beine kommen.«

Das Gericht verhängte eine Freiheitsstrafe von einem Jahr und zehn Monaten – ohne Bewährung, und beschloß, den Haftbefehl aufrecht zu erhalten. Der Tischlermeister muß also ins Gefängnis.

Frank Hovemann als Vorsitzender Richter begründete diese Entscheidung: Bei dem mit zahlreichen Vorstrafen belasteten Angeklagten sei keine positive Tendenz in der Kriminalprognose zu erkennen, er stecke viel zu tief in kleinkriminellen Geschäften.

VERSANDHANDEL MIT GETÜRKTEN ADRESSEN GEPRELLT

Die Mutter von Jörn E. wußte nichts von den zahlreichen Warenbestellungen ihres Sohnes; doch zwei Postzustellern fiel auf, daß an dieselbe Adresse in der Drackendorfer Straße unter verschiedenen Firmenbezeichnungen hochwertige Sendungen eintrafen. Sie wunderten sich darüber, daß über dem Klingelknopf immer wieder ein anderes Namensschild klebte, und erstatteten Meldung.

Die Staatsanwaltschaft ließ im Mai 2000 von der Polizei die Wohnung durchsuchen und Jörn E. in Gewahrsam nehmen. Nun mußte sich der 20jährige als Angeklagter wegen Betrugs vor dem Jugendschöffengericht beim Amtsgericht Jena verantworten.

Während der beiden Verhandlungstage am 14. und 25. September 2000 wurden ihm in einem führenden Verfahren und acht weiteren Verbundsachen insgesamt 48 Straftaten zur Last gelegt. So hatte Jörn im Zeitraum von 1998 bis 2000 bei mehreren Firmen diverse Kommunikationsgeräte bestellt, unter anderem einige Dutzend Notebooks und Handys, dazu Karten, Ladegeräte und Akkus sowie Faxgeräte und Toner mit einem Gesamtwert von zirka 200.000 DM.

Vieles wurde nicht ausgeliefert, auch nicht die noch georderten 500 Handys für 241.000 DM.

In Eisenberg kaufte Jörn am 21. August 1999 in der Euro-Foto-Freizeit GmbH für 2.810 DM Videokamera sowie Fotoausrüstung und bezahlte mit einem ungedeckten Scheck.

Als Jörn nach den verschiedenen Aliasnamen gefragt wurde, unter denen er Aufträge ausgelöst hatte, plauderte er aus dem »Nähkästchen«: Er habe zum Beispiel unter dem Firmennamen »Novitas« zehn Notebooks bestellt und für den abzubuchenden Betrag die Kontonummer einer Versicherungsgesellschaft gleichen Namens angegeben. Die Bankverbindung dieser Versicherung habe er herausbekommen, indem er dort angerufen und gesagt hätte, er wüsste nicht, wohin er seine Beiträge überweisen solle, da er die Kontonummer verlegt habe.

Am ersten Verhandlungstag setzte Jörn mit der Preisgabe noch unbekannter Details die Prozeßbeteiligten und Zuhörer in Erstaunen. Er berichtete von einem Dr. Baumgart, der ihm wertvolle Tipps für seine Tätigkeit gegeben hätte, und erzählte von seinem Freund Alex Möller, der ihm sein Handy ins Fachkrankenhaus geschmuggelt habe.

Die Adressen dieser beiden wüßte er nicht, hätte sich aber die Telefonnummern aufgeschrieben.

Der Richter ließ Jörns Angaben überprüfen und verkündete am zweiten Verhandlungstag, daß es die genannten Personen gar nicht gäbe; die notierten Telefonverbindungen gehörten zu Handy-Karten, die auf den Namen des Angeklagten zugelassen sind.

Es war also alles nur erfunden – Jörn hatte dem Gericht Lügenmärchen aufgetischt.

Jörn E. war für die Ermittlungsbeamten kein Unbekannter. Schon ein Jahr zuvor stand er vor Gericht, weil er in Eisenberg unter falschen Angaben ein Konto eröffnet und mit elf ungedeckten Schecks Lebensmittel, Möbel und Autos bezahlt hatte.

Eine Sachverständige, die im Landesfachkrankenhaus Stadtroda, Abteilung Maßregelvollzug, in dem sich der Angeklagte zur Zeit befindet, tätig ist, sprach von Persönlichkeitsstörungen, so daß bei Jörn B. nach § 21 Strafgesetzbuch von verminderter Schuldfähigkeit auszugehen sei.

Der Staatsanwalt plädierte für die Unterbringung in einem psychiatrischen Krankenhaus gemäß § 63 StGB.

Diesem Antrag folgte das Gericht in seinem Urteil. Es sprach den Angeklagten schuldig des Betrugs in 48 Fällen, wobei es in neun Fällen beim Versuch geblieben war.

Die Unterbringung in einem psychiatrischen Krankenhaus wird angeordnet, so der Vorsitzende Richter, da der Angeklagte durch seine krankhafte narzisstische Persönlichkeitsstörung, die unter einer Sucht zustande kommt, anderen Menschen schaden könnte.

GUTSCHEINE
IM INTERNET MISSBRAUCHT

Die Versuchung war groß, die Kontrolle gleich Null, die Möglichkeit gigantisch.« Mit diesen Worten beendete am 17. April 2013 Rechtsanwalt Ernst-Günter Popendicker sein Plädoyer im Strafverfahren gegen Wolfram S.

Der 29jährige Student mußte sich vor dem Schöffengericht beim Amtsgericht Jena wegen Computerbetrugs verantworten. Die Staatsanwaltschaft hatte dem Angeklagten zur Last gelegt, zwischen dem 26. März und dem 21. April 2009 bei Warenbestellungen im Internet durch vielfaches Verwenden zweier Aktionsgutscheine zehn Kundenkonten mit einem Gesamtguthaben von 26.475 Euro aufgebaut zu haben. Das sei nach § 263 a StGB strafbar als unbefugtes Eingreifen in einen Datenverarbeitungsvorgang.

Die Beweisaufnahme ergab folgendes Bild des Geschehens: Wolfram S. bestellte am 26. März 2009 über das Internet bei einer Elektronikfirma ein Notebook und verwendete dabei zwei Gutscheine im Wert von 15 beziehungsweise 25 Euro. Aus Versehen klickte er den Gutscheinbutton ein zweites Mal an und merkte, daß ihm der entsprechende Betrag erneut auf sein Kundenkonto gutgeschrieben wurde. Diese auf Grund eines Systemfehlers unbegrenzte Freigabe der Gutscheine nutzte Wolfram bei seinen nächsten Bestellungen aus. Er richtete sich insgesamt zehn Kundenkonten mit geringfügig veränderten Kundennamen ein und bestellte bei der Firma Waren im Wert von rund 20.000 Euro, die er alle an seine Jenaer Adresse im Spitzweidenweg liefern ließ.

Am 4. Mai 2009 suchte ein Angestellter der Firma Wolfram auf, um die zu Unrecht erworbenen Waren sicherzustellen. Viele Artikel, wie Fernsehapparat, Laptop und Digitalkamera waren noch originalverpackt und konnten wiederverkauft werden, so daß nur eine offene Forderung von 7.000 Euro übrig blieb, welche die Firma zivilrechtlich geltend macht.

Wegen des Computerbetrugs forderte die Staatsanwältin acht Monate, mit zweijähriger Bewährung. Der Verteidiger hielt drei Monate für angemessen. Diese Aktion sei einmalig gewesen, sein Mandant habe sich ansonsten nichts zuschulden kommen lassen.

Das Gericht, mit dem Vorsitzenden Richter Frank Hovemann, folgte in seinem Urteil dem Antrag des Verteidigers. Als Auflage hat Wolfram sämtliche Versandartikel mit Spielzeugcharakter dem DRK kostenfrei anzubieten.

»WARENAGENT« AUS JENA AUFGEFLOGEN

Dietrich R. ist Hartz-IV-Empfänger und klamm bei Kasse. Er ist auf Arbeitssuche, findet im Internet ein Angebot und läßt sich von Olaf S. als »Warenagent« anheuern. Doch die Sache ist nicht koscher. Nun mußte er sich am 22. Januar 2014 vor dem Schöffengericht beim Amtsgericht Jena wegen Betrugs verantworten.

Die Staatsanwaltschaft legt dem 26jährigen Angeklagten zur Last, vom 13. bis 21. Januar 2013 in insgesamt sechs Fällen hochwertige elektronische Geräte, unter anderem Laptop, Notebook und Digitalkamera, mit einem Gesamtwert von 7.889 Euro bei Online-Shops unter falschen Empfängernamen bestellt und mit ausgespähten Kreditkarten bezahlt zu haben. Die Ware sei von Dietrich R. weiterverkauft worden; den Erlös habe er behalten. Das sei strafbar als gewerblicher Betrug.

Der Angeklagte nimmt zu den Tatvorwürfen Stellung: Ja, er habe die Geräte online bestellt, aber als sogenannter »Warenagent« im Auftrag von Olaf S. gehandelt. Der habe ihm gescannte Paketmarken geschickt, die er auf die gelieferten Kartons klebte, damit diese in osteuropäische Länder versendet werden konnten. Für jedes weitergeleitete Paket habe er von Olaf S. 100 Euro erhalten. Der Inhalt der Pakete und ihr Wert seien ihm nicht bekannt gewesen. Als er merkte, daß es keine saubere Sache sei, habe er die Finger davon gelassen.

Die Staatsanwältin räumt in ihrem Plädoyer zwar ein, daß Dietrich R. die in der Anklageschrift angegebenen Geldbeträge für die gelieferte Ware nicht selbst vereinnahmt habe, fordert aber dennoch eine Freiheitsstrafe von einem Jahr und sechs Monaten, auszusetzen auf Bewährung, wegen gemeinschaftlichen Betrugs.

Der Verteidiger des Angeklagten hält ein Jahr und zwei Monate für tat- und schuldangemessen. Seinem Mandanten sei zunächst nicht bewußt gewesen, daß er sich als Warenagent strafbar mache; er habe dann diese Tätigkeit aus eigenem Antrieb beendet.

Das Gericht, mit dem Vorsitzenden Richter Frank Hovemann, verhängt gegen den Angeklagten eine Gesamtstrafe von einem Jahr und vier Monaten. Diese Strafe könne noch zur Bewährung ausgesetzt werden, so Richter Hovemann, da die zweimonatige Untersuchungshaft sicher als Warnung gewirkt habe. Als Bewährungsauflage hat Dietrich R.

binnen vier Monaten 120 Stunden gemeinnützige Arbeit zu leisten.

OMINÖSE ÜBERWEISUNGEN IN DER SPARKASSE

Erwartungsvolle Spannung herrscht am 18. Mai 2010 im Saal 3 des Amtsgerichtes Jena. Am siebenten Verhandlungstag verkündet der Vorsitzende Richter Frank Hovemann das Urteil des Schöffengerichts im Strafverfahren gegen Claudia K., ehemalige Kundenbetreuerin an der Sparkasse in Jena.

Die Staatsanwaltschaft hatte der 43jährigen Angeklagten zweifachen Betrug sowie Urkundenfälschung zur Last gelegt und deshalb eine Freiheitsstrafe von zwei Jahren und zehn Monaten gefordert.

Die beiden Verteidiger plädierten auf Freispruch: Es habe nicht bewiesen werden können, daß die Unterschriften auf den Überweisungsträgern gefälscht worden seien. Sind die Überweisungen nicht gefälscht – gibt es auch keinen Betrug.

Das Gericht jedoch spricht die Angeklagte schuldig des Betrugs in zwei tatmehrheitlichen Fällen, jeweils in Tateinheit mit Urkundenfälschung, und verhängt eine Freiheitsstrafe von zwei Jahren und drei Monaten.

Der Richter begründet ausführlich diese Entscheidung:

Nach Aussage des Justiziars der Sparkasse gab es Anfang 2009 ein Personalgespräch wegen Unklarheiten bezüglich eines Zeichnungsauftrages über 50.000 Euro. Bei Überprüfung dieses Vorgangs fiel auf, daß zwei andere Großbetragsüberweisungen von 30.000 und 40.000 Euro zu Lasten der

Kundin Frau F. und zu Gunsten des Kontos einer GmbH bei der Deutschen Bank erfolgt waren. Nachforschungen der Innenrevision ergaben, daß die Anschrift der GmbH und die Adresse der Kundenbetreuerin identisch waren. Im Handelsregister stand Claudia K. als Liquidatorin dieser Firma vermerkt. Sie hatte die beiden Beträge abgehoben und auf ihr eigenes Konto eingezahlt. Nach einem Gespräch mit leitenden Angestellten der Bank und einer Haftungsfreistellungserklärung wurde das Geld zurückgebucht und landete letztendlich wieder auf dem Konto von Frau F.

Claudia K. wurde am 12. August 2009 vom Dienst freigestellt und ihr Arbeitsverhältnis zum Monatsende gelöst.

Im Rahmen der Ermittlungen befragten Mitarbeiter der Jenaer Sparkasse die betagte Seniorin (Jahrgang 1926). Laut Zeugenaussage äußerte Frau F., ihr seien von der Kundenbetreuerin Claudia K. Überweisungsträger zur Unterschrift vorgelegt worden. Sie habe diese unterschrieben, weil sie wohl notwendig wären, um eine Vermögensanlage vorzubereiten.

Bei einer polizeilichen Vernehmung am 18. August 2009 und einer Befragung zwei Tage später durch den Richter antwortete Frau F., sie habe derartige Überweisungen nicht unterschrieben.

Wegen dieser unterschiedlichen Aussagen beantragten nun die Verteidiger ein psychiatrisch-geriatrisches Gutachten.

Der forensische Sachverständige, Dipl.-Med. Ingo Leichsering, Facharzt für Psychiatrie, erläuterte, bei Frau F. sei schon während ihres Klinikaufenthaltes im Jahr 2006 eine mittelgradige Demenz festgestellt worden. Im Krankheitsverlauf habe es aber unterschiedliche Intervalle gegeben. So sei der Gesundheitszustand von Frau F. laut Pflegedokumentation des Heimes im August 2009 recht gut gewesen. Sie habe deshalb die Fassade wahren und den Eindruck erwecken können, die kausalen Zusammenhänge zu verstehen.

Auch unter Berücksichtigung des Vorhandenseins einer Demenz bei Frau F. sei das Gericht zu der Überzeugung gekommen, daß die Angeklagte die Überweisungsträger total gefälscht habe, um sich in den Besitz des Vermögens der Seniorin zu bringen. Bei der Wohnungsdurchsuchung sei im Schlafzimmer von Claudia K. noch ein verschriebenes Formular gefunden worden.

Das Vorgehen von Claudia K. zeige eine überdurchschnittliche kriminelle Energie. Für ihre Bereicherungsabsicht habe sie sich ein Opfer ausgesucht, das keine nahen Angehörigen hat und sie so im Erbfall keine Nachforschungen zu befürchten brauchte.

PFLEGEFÄLLE
IM AMT SELBST ERFUNDEN

Lang ist die Liste der Verfehlungen einer ehemaligen Sachbearbeiterin vom Fachdienst Soziales der Stadt Jena. Beim Aufzählen der 203 Fälle des Betrugs und der Urkundenfälschung genehmigt sich Staatsanwältin Sylvia Reuter zwischendurch einen Schluck aus der Wasserflasche, um das gewaltige Pensum vortragen zu können. Auf der Anklagebank im Amtsgericht Jena sitzen am 18. Dezember 2013 die 38jährige Nina S. und ihr 35jähriger Bruder Ronald S., der wegen Beihilfe zum Betrug angeklagt ist.

Die Beweisaufnahme ergibt folgendes Bild des Geschehens: Als Sachbearbeiterin im Sozialamt war Nina S. auch zuständig für die Gewährung von Pflegegeld für Schwerstpflegebedürftige nach § 64 SGB XII Sozialgesetzbuch. Gemäß einer internen Weisung war sie berechtigt, Beträge bis 1.000 Euro auf sogenannte Kassenkarten aufladen zu lassen. Die Betreuer oder Angehörigen von Pflegebedürftigen erhielten dann die Kassenkarten und konnten sich die genehmigten Beträge am Kassenautomaten im Bürgerbüro ausgeben lassen.

Es bestand aber auch die Möglichkeit, daß die Sachbearbeiterin selbst zum Kassenautomaten ging und sich das Geld auszahlen ließ, um den Pflegebedürftigen einen langen Weg abzunehmen. Diese brauchten dann nur noch den Empfang des Geldes zu bestätigen.

Nina S. kam nun auf die Idee, durch das Zusammensetzen verschiedener Stammdaten erfundene Pflegefälle zu generieren. Sie ließ die entsprechenden Beträge auf Kassenkarten aufladen, holte das Geld selbst ab und unterschrieb mit falschem Namen die Empfangsbestätigungen.

Die Serie ihrer Straftaten begann am 19. September 2006 mit einem Betrag von 550 Euro, der ab dem Jahr 2008 dann regelmäßig eine Höhe von 995 Euro aufwies. So kam bis zum Auffliegen am 28. Juli 2011 mit 203 Betrugsfällen eine Summe von 197.790 Euro zusammen.

Ihren Bruder Ronald S. beauftragte die Sachbearbeiterin fünfmal im Juli 2011, mit Kassenkarten Geld vom Automaten abzuholen und es ihr zu bringen.

Zur Stellungnahme aufgefordert, bestätigt Nina S. die gegen sie erhobenen Vorwürfe und bedauert die begangenen Taten. Sie habe das Geld zum Lebensunterhalt ausgegeben, für Extrageschenke an ihre Tochter oder einen schönen Urlaub.

Seit der fristlosen Kündigung lebe sie nun von Hartz IV und zahle jeden Monat 50 Euro an Schadenersatz zurück.

Der mitangeklagte Bruder Ronald S. bedauert ebenfalls das Geschehene, will aber nicht gewußt haben, daß sich seine Schwester das Geld, das er für sie mit den Kassenkarten aus dem Automaten holte, selbst eingesteckt hat.

Die Staatsanwältin nimmt ihm seine Ahnungslosigkeit nicht ab und fordert für ihn eine Geldstrafe von 50 Tagessätzen zu je 30 Euro. Sein Verteidiger, Rechtsanwalt Dirk Kreinberger, beantragt einen Freispruch.

Für die Angeklagte Nina S. plädiert die Staatsanwältin auf eine Freiheitsstrafe von zwei Jahren, deren Vollstreckung bei einer Ersttäterin noch zur Bewährung ausgesetzt werden könne.

Auch Rechtsanwalt Cord Hendrik Schröder als Verteidiger vertritt die Auffassung, die Strafe zur Bewährung auszusetzen. Damit erhielte seine Mandantin Gelegenheit für die Rückzahlung des Schadens.

Das Schöffengericht mit dem Vorsitzenden Richter Frank Hovemann folgt in seinem Urteil dem Antrag der Staatsanwältin und setzt die Bewährungszeit auf zwei Jahre fest. Als Auflage hat Nina S. binnen sechs Monaten 300 Stunden gemeinnützige Arbeit zu leisten.

Ihr Bruder Ronald S. wird vom Vorwurf der Beihilfe zum Betrug freigesprochen.

KOMPLIZIN DES »FALSCHEN HONECKERS« VERURTEILT

Wie Filmdetektiv Matula betrat Rudolf H. selbstsicher diverse Büros von Verwaltungsgebäuden, durchwühlte die Schreibtische in nicht besetzten Räumen. Er stahl Geldbörsen mit Papieren und EC-Karten, ging im Honecker-Outfit gekleidet zum Bankschalter und hob als vermeintlicher Kontoinhaber höhere Beträge ab. Dafür wurde er im Juni 2013 vom Landgericht Gera verurteilt.

Nun mußte sich seine 23jährige Komplizin Thea K. am 7. August 2013 wegen gemeinsamen Betrugs in vier Fällen vor dem Schöffengericht beim Amtsgericht Jena verantworten.

Hatte Rudolf Papiere von weiblichen Angestellten erwischt, wurde Thea als angebliche Kontoinhaberin zum Geldabheben in die Bank geschickt. So »erleichterte« sie im März 2012 in Jena und Chemnitz die Konten von Frau N. und Frau W. um jeweils 8.000 Euro. Eine weitere Straftat blieb im Versuch stecken.

Besonders dreist der vierte Fall: Hier wurde die Kontoinhaberin Anni P. von Rudolf in den Tatplan involviert. Sie stellte ihre Personalpapiere und EC-Karte zur Verfügung und Thea hob als angebliche Kontoinhaberin 50.000 Euro ab. Von diesem Betrag erhielt Anni 30.000 Euro, das restliche Geld teilten sich Rudolf und Thea. Dann täuschte Anni einen Wohnungseinbruch vor, bei dem angeblich ihre EC-Karte gestohlen wurde, und machte gegenüber der Bank Schadenersatzanspruch für die ausgezahlten 50.000 Euro geltend. Diese Summe wurde ihr auch von der Bank ersetzt.

Doch das Trio hatte nicht lange Freude an dem ergaunerten Geld. Die Fotos der Videoüberwachung in der Bank führten die Ermittler zur Täterin; der Schwindel flog auf; Thea kam in U-Haft.

Nach einer Verfahrensabsprache und dem Geständnis der Angeklagten forderte Staatsanwalt Rolf Bach 18 Monate Haft, ausgesetzt auf zwei Jahre zur Bewährung, da Thea K. noch nicht strafrechtlich vorbelastet sei. Zudem habe ihr die dreimonatige U-Haft sicher als Warnschuß gedient. Auch wäre der Schaden dadurch begrenzt worden, daß die Bank das Konto von Anni P. pfändete und somit den vollen Geldbetrag sichern konnte.

Das Schöffengericht, mit dem Vorsitzenden Richter Frank Hovemann, folgte in seinem Urteil dem Antrag des Staatsanwaltes. Als Bewährungsauflage erhielt Thea K. die Weisung, das für den 1. September geschlossene Ausbildungsverhältnis pünktlich anzutreten und es nicht abzubrechen. Über die Ausbildung hat sie halbjährlich einen Bericht an das Gericht zu schicken.

HAUSVERWALTER WEGEN UNTREUE VOR GERICHT

Lothar H., studierter Betriebswirt, machte sich nach der Wende als Hausverwalter von Wohneigentumsobjekten selbstständig. Zunächst lief alles gut, doch dann trafen ihn mehrere Schicksalsschläge: Er bekam einige gesundheitliche Probleme (geschädigte Wirbelsäule) und wurde 2008 erwerbsunfähig geschrieben; im selben Jahr wurde seine Ehe geschieden. Als er in finanzielle Schwierigkeiten geriet, »borgte« er sich Geld von den Konten mehrerer Wohnungseigentümergemeinschaften, auf die er alleinigen Zugriff hatte.

Doch die Rückzahlung klappte leider nicht so, wie er sich das vorgenommen hatte. So begann Lothar, Gelder von einem Konto auf ein anderes Konto umzuschichten. Bei einer Kontrolle der Rechnungslegung wurden Unstimmigkeiten festgestellt und die ganze Sache flog auf.

Nun mußte sich der 58jährige Hausverwalter am 15. April 2015 vor dem Amtsgericht Jena wegen Untreue verantworten.

Staatsanwalt Jens Wörmann listete 50 Handlungen auf, bei denen Lothar H. die ihm eingeräumte Befugnis, über fremdes Vermögen zu verfügen, mißbraucht hatte. Insgesamt betrug der Schaden in der Zeit von 2010 bis 2012 rund 40.000 Euro, verteilt auf mehrere Eigentümergemeinschaften.

Der Staatsanwalt forderte eine Freiheitsstrafe von einem Jahr und zehn Monaten, die noch zur Bewährung ausgesetzt werden könne, da der Angeklagte bisher nicht vorbestraft sei.

Der Verteidiger, Rechtsanwalt Jan Pinkes, hielt ein Jahr und sechs Monate für tat- und schuldangemessen. Sein Mandant habe sich geständig gezeigt und damit aufwändige Ermittlungen erspart. Außerdem habe die Untersuchungshaft, in der sich Lothar H. seit dem 18.Dezember 2014 befinde, Wirkung gezeigt.

Das Gericht, mit dem Vorsitzenden Richter Frank Hovemann, folgte dem Antrag des Staatsanwaltes. Es befand den Angeklagten für schuldig der Untreue in 50 Fällen, darunter 43 in besonders schwerem Fall, verurteilte ihn zu einem Jahr und zehn Monaten Freiheitsstrafe und beschloß, diese Strafe für zwei Jahre zur Bewährung auszusetzen.

Die Wiedergutmachung des angerichteten Schadens hat dann auf zivilrechtlichem Wege zu erfolgen.

STÄDTISCHE GELDER AUFS
EIGENE KONTO

Sie habe aus falsch verstandener Mutterliebe immer wieder Geld der Stadt für ihren Sohn abgezweigt und dabei den Boden unter den Füßen verloren, resümierte Rechtsanwalt Norbert Plandor, Verteidiger von Cordula H. am 13. September 2009 während seines Plädoyers im Strafverfahren vor dem Jugendschöffengericht beim Amtsgericht Jena.

Die Staatsanwaltschaft hatte der 44jährigen Angeklagten zur Last gelegt, im Zeitraum von Januar 1999 bis Juli 2005 in 251 Handlungen Gelder der Stadt Jena in einer Höhe von insgesamt 121.209,07 Euro veruntreut zu haben.

Als Sachbearbeiterin im Sozialamt nahm sie bis Dezember 2004 152 Überweisungen mit einer Summe von 77.135,42 Euro auf das Konto der Eheleute und 86 Überweisungen über insgesamt 32.745,71 Euro auf das Konto des Sohnes vor. Seit ihrer Tätigkeit beim stadteigenen Betrieb Jenarbeit erfolgten 13 Überweisungen mit einem Gesamtbetrag von 11.327,94 Euro auf das Konto des Sohnes.

Cordula H. hatte als Sachbearbeiterin für Leistungsberechnung die Befugnis, Auszahlungen anzuweisen. Bei ihren Betrügereien ging sie wie folgt vor: Nachdem die Leistungsempfänger ihr Geld erhalten hatten, führte sie fingierte Rückbuchungen durch, so daß die Zahlungen erneut zur Anweisung standen. In der auf dem Computer erscheinenden Maske »Zahlungsempfänger« ersetzte sie die Bankverbindung der Berechtigten durch ihr eigenes Konto bzw. das ihres Sohnes und wies erneut den Betrag an. Anschließend nahm sie eine neuerliche Korrektur vor, bei der sie wieder die richtigen Bankdaten der Leistungsempfänger einsetzte.

Die Frage ihres Verteidigers, ob man den verwaltungsinternen Kontrollpflichten in der Dienststelle nachgekommen sei, verneinte die Angeklagte: Es sei nicht schwer gewesen, die Manipulationen vorzunehmen. Mit dem unterschlagenen Geld habe sie ihren Sohn unterstützen wollen. Dieser habe nach dem Weggang aus dem Elternhaus finanzielle Probleme bekommen, hätte Mietrückstände und sein Konto überzogen.

Auf der Anklagebank saßen neben Cordula H. auch ihr gleichaltriger Ehemann Uwe H. und der als Küchenleiter tätige 23jährige Sohn Christoph H.

Das Verfahren gegen Uwe H. wurde gegen eine Geldauflage von 300 Euro vorläufig eingestellt, da nicht bewiesen werden konnte, daß er von den Machenschaften seiner Ehefrau Kenntnis hatte.

Er gab sich völlig ahnungslos und schockiert: Um finanzielle Angelegenheiten habe sich immer seine Frau alleine gekümmert. Nun seien alle Konten gepfändet.

Die Angeklagten zeigten sich geständig und bereuten ihr Handeln; sie versprachen, den Schaden wieder gutmachen zu wollen. Das Gericht setzte deshalb die verhängten Freiheitsstrafen zur Bewährung aus.

Die jetzt arbeitslose Cordula H. erhielt eine Strafe von zwei Jahren und hat in der dreijährigen Bewährungszeit wöchentlich 20 Stunden gemeinnützige Arbeit zu leisten sowie monatlich 20 schriftliche Bewerbungen vorzunehmen. Von der Erfüllung dieser Auflagen wird sie befreit, sobald sie eine Tätigkeit aufgenommen hat. Diese darf sie dann nicht schuldhaft aufgeben.

Sohn Christoph, der die Mutterliebe schamlos ausnutzte, um seinen aufwändigen Lebensstil zu finanzieren, wurde wegen Beihilfe zur Untreue in 99 Fällen zu einer Einheitsjugendstrafe von einem Jahr und zehn Monaten verurteilt. In der zweijährigen Bewährungszeit hat er monatlich 100 Euro an die Stadt Jena zu zahlen und darf seine derzeitige Arbeit nicht schuldhaft aufgeben.

Der Vorsitzende Richter Detlef Kleßen gab dem Sohn die moralische Hauptschuld und ermahnte ihn, mit jedem Cent, den er erübrigen könne, seine Mutter bei der Wiedergutmachung des Schadens zu unterstützen.

11. Kapitel

WAS SONST NOCH PASSIERTE

Im letzten Kapitel des Buches sind noch einige Gerichtsberichte abgedruckt, die zuvor nicht berücksichtigt worden waren.

Dabei handelt es sich in den ersten beiden Fällen um den Vorwurf der Geldwäsche, die als verdecktes Einschleusen illegal erworbener Vermögenswerte in den legalen Wirtschaftskreislauf unter Strafe gestellt ist. *(Konto für Betrügereien mißbraucht), (Für Geldtransfer das Konto bereitgestellt)*
Im dritten Verfahren geht es ebenfalls um das liebe Geld. *(Mit präparierten Scheinen Geldwechsler manipuliert)*

Eine Geschäftsidee der besonderen Art hatte ein 42jähriger. *(Viagra-Ersatz im Internet billig angeboten)*

Daß aus dem ursprünglichen Vorwurf der »sexuellen Nötigung« nur der Straftatbestand der »Nötigung« gemäß § 240 StGB wurde, haben zwei Jugendliche ihren tüchtigen Verteidigern zu verdanken. *(Mit heruntergelassenen Hosen Mädchen bedrängt)*

215

Um räuberischen Diebstahl und gefährliche Körperverletzung geht es im nächsten Beitrag. *(Gefährliche »Haltet den Dieb«-Szene bei OBI)*

Und zuletzt: Ein Vater kämpft für das Wohl seiner Tochter *(Bußgeld wegen Schulverweigerung)*

KONTO FÜR BETRÜGEREIEN
MISSBRAUCHT

Ich hatte im Internet eine Annonce gesehen und mich darauf beworben«, berichtet Torsten K. am 12. Januar 2012 in der Verhandlung vor dem Jugendschöffengericht beim Amtsgericht Jena. Ihm wäre nicht bewußt gewesen, daß da Betrüger am Werk seien. Er habe ihnen sein Konto mit PIN- und TAN-Nummer zur Verfügung gestellt und sollte dafür jeden Monat 600 Euro erhalten. Als Hartz-IV-Empfänger hätte er das Geld gut gebrauchen können.

Von der Staatsanwaltschaft wurde dem 21jährigen Angeklagten leichtfertig begangene Geldwäsche in 35 Fällen zur Last gelegt. Auf das Konto von Torsten seien im Zeitraum vom 1. Juli bis 15. August 2010 aus Betrugshandlungen stammende Gutschriften erfolgt, mit einem Gesamtwert von 12.286 Euro. Die einzelnen Geldüberweisungen kamen aus allen Teilen Deutschlands, sie waren als Vorkasse für den Erwerb verschiedener Waren gedacht, unter anderem für Kaffeeautomaten, Kühlschränke und Waschmaschinen.

Ein Polizeibeamter des Landeskriminalamtes berichtet im Zeugenstand, es seien Anrufe von Personen gekommen, die nach dem Bezahlen der georderten Waren diese nicht erhalten hatten. Die polizeilichen Ermittlungen ergaben: Die angebliche Firma, die den Internethandel führte, existierte gar nicht. »Sie hätten bei geringfügiger Überlegung erkennen müssen, daß das keine ordentlichen Geschäfte sein können«, wirft die Staatsanwältin dem Angeklagten vor und beantragt eine Jugendstrafe von neun Monaten.

Torstens Verteidiger, Rechtsanwalt Norbert Plandor, plädiert auf Vorbewährung mit Arbeitsauflage. Sein Mandant habe damals ziemlich naiv und blauäugig gehandelt. Seit dieser Zeit sei er nicht mehr straffällig geworden.

Das Gericht verhängt gegen den Angeklagten eine Jugendstrafe von sechs Monaten, setzt diese für zwei Jahre zur Bewährung aus und beschließt als Auflage 100 Stunden gemeinnützige Arbeit.

Der Vorsitzende Richter Detlef Kleßen gibt Torsten mit auf den Weg: »Sie hatten verdammt großes Glück, daß die aufmerksamen Mitarbeiter der Bank schnell reagiert haben und das Geld vollständig an die Geschädigten zurückgezahlt wurde. Machen Sie jetzt einen Schnitt mit Ihrer Vergangenheit und zeigen Ihrer kleinen Tochter, daß Sie verantwortungsvoll handeln können.«

FÜR GELDTRANSFER DAS KONTO BEREITGESTELLT

Im April 2013 wurde Armin V. in einer Diskothek von einem ihm unbekannten Mann gefragt, ob er sich nebenbei etwas Geld verdienen wolle. Der 20jährige ging auf das Angebot ein und wurde als »Finanzagent« angeworben. Nun muß er sich wegen vorsätzlicher Geldwäsche (§ 261 StGB) in einem Strafverfahren vor dem Amtsgericht Jena verantworten.

Die Staatsanwaltschaft legt dem Angeklagten zur Last, sein Konto bei der Postbank für illegale Finanztransaktionen zur Verfügung gestellt zu haben. Die auf sein Konto am 3. Juli 2013 eingegangenen 71.250 Euro hätten aus kriminellen Phishing-Attacken an Geldautomaten gestammt. Armin V. habe diesen Betrag am selben Tag abgehoben und an seinen Auftraggeber weiter geleitet.

Der Angeklagte bestätigt den Tatvorwurf: Er habe sich nebenbei etwas verdienen wollen, da er Schulden hatte. Daß das Geld aus dunklen Quellen stamme, habe er nicht gewußt. Der fremde Mann, der ihn ansprach, habe erzählt, sein Onkel wolle ihm für eine anstehende Renovierung einen höheren Geldbetrag überweisen. Da er selbst aber noch kein Konto besitze, suche er jemanden, der seine Bankverbindung zur Verfügung stellt.

Dazu habe er sich bereit erklärt, so Armin V., und dem Mann seine Kontodaten genannt. Daraufhin hätte er den Auftrag erhalten, am 3. Juli 2013 nach Nürnberg zu fahren und die an diesem Tag zu erwartenden 71.000 Euro von seinem Konto abzuheben und an den Mann zu übergeben. Er habe sich an mehreren Schaltern der Postbank Teilbeträge auszahlen lassen und dann die Gesamtsumme dem Mann ausgehändigt. Am nächsten Tag sei sein Konto gesperrt worden und nun wolle die Bank das Geld zurück. Der Fremde habe wohl bei einem anderen Kunden der Bank einen »Trojaner« eingeschleust und das Geld einfach »umgeleitet«.

Das Gericht, mit der Vorsitzenden Richterin Wilma Göritz, hält Armin V. für schuldig der vorsätzlichen Geldwäsche und wendet auf Empfehlung der Staatsanwältin das Jugendstrafrecht an, da zur Tatzeit eine Reifeverzögerung nicht auszuschließen gewesen sei. Weil der Angeklagte bisher nicht vorbelastet ist, wird die Entscheidung über die Verhängung einer Jugendstrafe für zwei Jahre zur Bewährung ausgesetzt. Als Auflage hat der Verurteilte binnen drei Monaten 60 Stunden gemeinnützige Arbeit zu leisten und einen wöchentlichen Kontakt zu seinem Betreuungshelfer zu halten.

MIT PRÄPARIERTEN SCHEINEN GELDWECHSLER MANIPULIERT

Weil es für sie im Ruhrgebiet immer schwieriger wurde, mit präparierten Scheinen einen Geldwechselautomaten zu überlisten, verlegten der 61jährige Martin J. und der 53jährige Reinold B. ihre Besuche in Spielotheken von Duisburg in die neuen Bundesländer. Hier durchkämmten sie von Rügen bis Thüringen das Terrain und wurden am 1. April 1998 in einer Jenaer Spielhalle festgenommen.

Nun mußten sich die beiden in einer dreitägigen Verhandlung Ende November/Anfang Dezember 2000 vor dem Schöffengericht beim Amtsgericht Jena wegen Diebstahls in 14 Fällen verantworten.

»Nachdem im Februar und März 1998 auf unerklärliche Weise Geld aus dem Automaten verschwunden war, fand ich eines Tages ein eingeschweißtes Stück von einem 50-Mark-Schein im Geldwechsler«, berichtete der Geschäftsführer einer Jenaer Spielothek. »Daraufhin besonders vorsichtig geworden, beobachtete ich am 1. April mit Hilfe einer Überwachungskamera, wie zwei Gäste versuchten, Geldscheine in den Automaten zu stecken. Am Monitor konnte ich genau erkennen, wie einer der jetzt Angeklagten (Martin J.) einen in drei Streifen geschnittenen Schein in den Wechsler einführte und diesen dann an einem angeschweißten Plastestreifen wieder herauszog. Ich löste sofort stillen Alarm aus und verständigte den Wachdienst sowie die Polizei.«

Die Beamten durchsuchten die beiden Verdächtigen und fanden in deren Taschen präparierte Geldscheine, im abgestellten Pkw Papiermesser, Scheren und Klebeband sowie einen Autoatlas mit vermerkten Orten, in denen Spielhallen besucht worden waren, und einen Tag später in der Wohnung von Martin J. einen zerlegten Geldwechsler sowie einen Spielautomaten.

Auf ihre Straftaten angesprochen, reagierten die Angeklagten unterschiedlich. Zunächst ließ Martin J. über seinen Verteidiger erklären, daß er oft an Geldspielautomaten gespielt und bei knappen Finanzen auch präparierte Scheine verwendet habe, die er am Band wieder herausgezogen hätte. Er gab auch die ersten beiden Fälle zu, verweigerte dann aber jede weitere Aussage, als er nach der Beteiligung seines Mitangeklagten Reinold B. gefragt wurde.

Dieser tischte dem Gericht eine »Räuberpistole« auf: Er habe zusammen mit Martin in einem Duisburger Pub einen Türken kennengelernt, der ihnen beschädigtes Geld zum halben Preis angeboten hätte; zunächst 2.300 DM, die weiteren fünfmal je 3.000 bis 4.000 DM. »Wir haben das Geld aufgekauft und – weil es beim Umtausch auf der Bank Scherereien gab – es mit Geldwechslern in Spielotheken versucht. Ich selbst habe kein Gerät manipuliert. Die Scheine, die ich in den Wechsler hineingeschoben habe, sind drin geblieben.«

Diese Äußerung wertete der Vorsitzende Richter Frank Hovemann als Schutzbehauptung. Das Gericht befand Reinold B. für schuldig des gemeinschaftlich begangenen schweren Diebstahls in elf Fällen, wovon es in acht Fällen bei einem Versuch geblieben war, und verhängte gegen den vorbelasteten Bewährungsbrecher eine Freiheitsstrafe von zwei Jahren und acht Monaten. Diese Zeit muß der Verurteilte nun im Gefängnis absitzen. Der Staatsanwalt hatte zwei Monate mehr gefordert; der Verteidiger plädierte für einen Freispruch, da nicht bewiesen werden konnte, daß sein Mandant mehr Geld aus dem Automaten herausgeholt hätte als er hineingesteckt habe.

Martin J. erhielt für acht versuchte und vier vollendete Diebstahlshandlungen eine Freiheitsstrafe von einem Jahr und acht Monaten. Da er sich bisher noch nichts zu Schulden kommen ließ, wurde diese Strafe auf eine Bewährungszeit von drei Jahren ausgesetzt. Als Auflage für die Bewährung hat Martin binnen sechs Monaten 2.400 DM an das »Bildungswerk BLITZ e.V.« Stadtroda zu zahlen.

VIAGRA-ERSATZ
IM INTERNET BILLIG ANGEBOTEN

Not macht erfinderisch«, besagt ein altes Sprichwort. Und Rolf W. befand sich in Not: Er wurde arbeitslos; denn die Firma, bei der er beschäftigt war, ging pleite.

Beim Surfen im Internet kam ihm die zündende Geschäftsidee, über einen Online-Shop Viagra-Ersatz billig zu vertreiben. Rolf hatte nämlich herausgefunden, daß ein Generikum, also ein wirkstoffgleiches Medikament, auch in der blauen Farbe dem Viagra ähnlich, in Sri Lanka frei verkäuflich war. Er bezog es von dort in großen Stückzahlen und bot es anschließend im Internet billig an.

Doch er hatte dafür keine Genehmigung. Die Staatsanwaltschaft kam ihm bei einer Internetfahndung auf die Schliche und so mußte sich Rolf W. am 27. Januar 2010 vor dem Schöffengericht beim Amtsgericht Jena wegen unerlaubten Handelns mit Arzneimitteln zur Erlangung eines wirtschaftlichen Vorteils großen Ausmaßes verantworten.

Staatsanwalt Günther Stephan listete in der Anklageschrift 1083 Fälle auf, mit einem Gesamtumsatz von

56.385,80 Euro, in denen Rolf W. gegen das Arzneimittelgesetz verstoßen hatte.

Der aus einem kleinen Ort zwischen Jena und Stadtroda stammende 42jährige Angeklagte räumte nach einem Rechtsgespräch, das der Vorsitzende Richter Frank Hovemann mit den am Prozeß beteiligten Juristen geführt hatte, seine Straftaten vollumfänglich ein: Ja, er habe im Zeitraum zwischen September 2006 und August 2008 das apothekenpflichtige Medikament Silagra über seinen Online-Shop verkauft, obwohl er dafür keine Erlaubnis besaß.

Das Gericht verhängte gemäß einer Verfahrensabsprache und dem Antrag des Staatsanwaltes eine Freiheitsstrafe von einem Jahr und vier Monaten, die für zwei Jahre zur Bewährung ausgesetzt wurde, da der Angeklagte bisher nicht strafrechtlich in Erscheinung getreten war.

Als Auflage hat Rolf W. binnen drei Monaten 100 Stunden gemeinnützige Arbeit zu leisten.

Für die bei der Wohnungsdurchsuchung beschlagnahmten 3.900 Euro und für das Guthaben von 2.449 Euro auf dem gesperrten Privatkonto wurde Verfall angeordnet; somit stehen diese Beträge Rolf W. nicht mehr zur Verfügung.

MIT HERUNTERGELASSENEN HOSEN MÄDCHEN BEDRÄNGT

Da standen die damals 18jährigen Thomas B. und Benno W. mit heruntergelassenen Hosen vor Jessica H. und ließen von dem 15jährigen Mädchen ihre Geschlechtsteile begutachten.

Nun saßen die beiden Jugendlichen ein halbes Jahr später, am 1. Juli 2010, auf der Anklagebank im Amtsgericht Jena und hatten sich wegen Nötigung zu verantworten.

Der Vorwurf der Staatsanwaltschaft lautete zunächst auf »sexuelle Nötigung«, die nach § 177 Strafgesetzbuch (StGB) mit einer Freiheitsstrafe von mindestens einem Jahr zu ahnden ist. Doch ihre Verteidiger, die Rechtsanwälte Cord Hendrik Schröder und Wolfgang Remmert, legten sich für ihre Mandanten ordentlich ins Zeug.

Das Jugendschöffengericht mit dem Vorsitzenden Richter Detlef Kleßen brauchte zwei lange Verhandlungstage, um den Vorfall vom 21. Dezember 2009 auf dem Gelände des Kinder- und Jugendheimes Wolfersdorf voll zu erfassen und bewerten zu können.

Zunächst erhielten Thomas und Benno die Gelegenheit, ihre Taten und deren Motive darzulegen, dann wurde Jessica als Zeugin befragt.

Am Ende der Beweisaufnahme ergab sich folgendes Bild: Im Foyer der Einrichtung sitzen Thomas und Benno im Gespräch. Jessica beobachtet die beiden und vermutet, daß über sie gelästert wird. Sie schickt ihnen eine SMS, man könne sich doch draußen an der Rehraufe treffen. Gesagt – getan. Jessica fläzt sich lässig auf den Tisch der Raufe; Thomas hält ihr von hinten die Arme fest und will sie küssen;

Benno versucht, ihr die Jeans auszuziehen. Doch Jessica möchte das nicht. Die beiden spüren Gegenwehr und lassen von ihr ab. Aus einer Laune heraus stellen sie sich mit herab gezogenen Hosen vor dem Mädchen auf und fragen sie, wer wohl den Größeren hat. Sie rauchen dann noch gemeinsam ein paar Zigaretten und begeben sich wieder ins Heim. Hier informiert Jessica eine Erzieherin und bringt somit die Sache ins Rollen.

Die medizinische Sachverständige, Frau Dr. Helmburg Göpfert-Stöbe, bewertete in einem Gutachten die Handlungen der Angeklagten als entwicklungsbedingtes, pubertierendes Verhalten. Sie seien nicht als Sexualstraftäter zu bezeichnen.

Daraufhin plädierte die Staatsanwältin auf eine Freiheitsstrafe für den Straftatbestand der Nötigung gemäß § 240 StGB, welcher ein geringeres Strafmaß vorsieht.

Diesem Antrag folgte das Gericht und verurteilte die beiden Angeklagten wegen gemeinschaftlich begangener Nötigung zu Jugendstrafen von jeweils sechs Monaten.

Thomas B. muß diese Zeit im Gefängnis absitzen, da er vorbelastet ist und unter Bewährung stand.

Bei Benno W., der ebenfalls über einige Einträge im BZR (Bundeszentralregister) verfügt, wurde die Strafe noch für zwei Jahre zur Bewährung ausgesetzt. Als Auflage hat er 80 Stunden gemeinnützige Arbeit zu leisten und darf seine Ausbildung zum Verkäufer nicht durch eigenes Verschulden abbrechen.

»Das ist Ihre letzte Chance, nutzen Sie diese!« gab ihm der Vorsitzende Richter Detlef Kleßen mit auf den Weg.

GEFÄHRLICHE
»HALTET DEN DIEB«-SZENE BEI OBI

Ich wollte ihn am Wegfahren hindern und hielt mich am Lenkrad fest; doch er gab Gas, schlug mir mit der Faust ins Gesicht, stach mir mit den gespreizten Fingern in die Augen und biß mich in die Hand und den Unterarm«, erinnerte sich der Marktleiter des Eisenberger OBI-Marktes an die halsbrecherische Aktion am 18. November 2000.

An den beiden Verhandlungstagen (18. und 20. September 2002) im Amtsgericht Jena trat er als Zeuge und Nebenkläger gegen den 37jährigen Edwin M. und den 36jährigen Pierre L. auf.

Die Staatsanwaltschaft hatte den Angeklagten räuberischen Diebstahl und Gefährdung des Straßenverkehrs zur Last gelegt.

Es war eine filmreife »Haltet den Dieb«-Szene am Samstag Nachmittag, kurz vor Feierabend im OBI-Markt: Edwin und die Schwester von Pierre hielten sich schon eine geraume Zeit erst im Gartencenter und dann im Maschinenbereich auf. Hilfsangebote von Verkäufern lehnten sie ab.

»Dann war die Motorsäge aus dem Regal weg und ich freute mich schon über den Umsatz«, berichtete ein Mitarbeiter. Doch im Computer sei der Kauf noch nicht vermerkt gewesen; da wäre er stutzig geworden. Als er dann den Kunden mit leerem Einkaufswagen aus dem Freigelände zurückkommen sah, vermutete er einen Diebstahl und alarmierte die Kollegen.

Eine Mitarbeiterin schilderte: »Wir liefen ins Freigelände; der Marktleiter stieg auf die Pflanzencontainer und kletterte von dort über den hohen Zaun, denn der Kunde begab sich schon zu seinem Jeep auf dem hinteren Parkplatz. Ich sah, wie er dann am Auto hing und der Fahrer Vollgas gab. Da bin ich zum Telefon gerannt und habe die Polizei angerufen.«

Ein weiterer Zeuge sagte aus: »Mit meinem Kollegen bin ich außen herum gelaufen. Ich habe mich vor das Auto gestellt, um das Wegfahren zu verhindern. Wenn ich nicht zur Seite gesprungen wäre, hätte er mich glatt umgefahren.« Er habe dann gesehen, wie der Marktleiter auf dem Schweller des Geländewagens stand und sich an das Lenkrad klammerte. Nach zwei riskanten Umrundungen des Parkplatzes hätte er dann aufgegeben. Die beiden Männer wären mit dem Mitsubishi davon gebraust.

Die Schwester des einen blieb zurück und so kam die Polizei rasch auf die Spur der Diebe.

In der Wohnung von Pierre wurde die Motorsäge gefunden. Ein Blutalkoholtest ergab sieben Stunden später noch 1,19 Promille bei Edwin und 0,64 Promille bei Pierre.

Für die Justiz waren die Angeklagten keine Unbekannten: Mit sechzehn beziehungsweise zwölf Eintragungen im BZR (Bundeszentralregister) wiesen sie schon eine ganze Latte von Vorstrafen auf.

Das Schöffengericht, mit dem Vorsitzenden Richter Frank Hovemann, verhängte gegen die Angeklagten, gemäß dem Antrag des Staatsanwaltes, Freiheitsstrafen ohne Bewährung.

Pierre L. erhielt ein Jahr und fünf Monate wegen gemeinschaftlichen räuberischen Diebstahls und gefährlicher Körperverletzung.

Edwin M. bekam zwei Jahre und neun Monate, weil er außerdem des gefährlichen Eingriffs in den Straßenverkehr zur Verdeckung einer Straftat und unerlaubten Fahrens ohne Fahrerlaubnis für schuldig befunden wurde. Für die Erteilung einer neuen Fahrerlaubnis legte das Gericht eine Sperrfrist von fünf Jahren fest.

BUSSGELD WEGEN SCHULVERWEIGERUNG

Für das Wohl seiner Tochter kämpft Herr Dr. Rainer B. schon viele Jahre. Nun war er am 12. März 2019 ins Amtsgericht Jena geladen worden, weil er Einspruch gegen einen Bußgeldbescheid eingelegt hatte, der an ihn am 29. März 2018 ergangenen war. In diesem Bescheid über 500 Euro war ihm eine vorsätzlich begangene Ordnungswidrigkeit in Form des Verstoßes gegen das Schulpflichtgesetz zur Last gelegt worden.

Rainer B. nahm ausführlich zu dem gegen ihn erhobenen Vorwurf Stellung, er habe es als Elternteil bewußt unterlassen, dafür zu sorgen, daß seine Tochter am Unterricht an der staatlichen Gemeinschaftsschule teilnimmt.

Der Vater schilderte zunächst die Vorgeschichte der Totalverweigerung seiner Tochter: Schon im Kindergartenalter wurde festgestellt, daß bei ihr das besondere Persönlichkeitsprofil eines autonomen Kindes nach der Definition von Jesper Juul vorlag. Bei diesen willensstarken Kindern wird es nahezu unmöglich, sie zu etwas zu animieren, das nicht auch ihren Wünschen und Bedürfnissen entspricht.

Nach einigen Monaten im ersten Schuljahr zeichnete sich ab, daß seine Tochter mit ihren Mitschülern in den entscheidenden Kompetenzen (Rechnen, Lesen und Schreiben) nicht mithalten konnte. Trotz aller möglichen Hilfestellungen durch die Eltern erreichte sie nicht das

Klassenziel und wiederholte die erste Klassenstufe. Auch in ihrem vierten Schuljahr konnte sie den Anforderungen in den Kernfächern nicht gerecht werden. Es kam zu psychosomatisch bedingten Krankheitssymptomen, wie Bauch- und Kopfschmerzen.

Ab dem 14. Januar 2016 nutzten dann auch keinerlei Einwirkungsversuche der Eltern mehr, die ihre Tochter zum Schulbesuch zu motivieren versuchten. Sie verweigerte sich total und hätte nur mit körperlicher Gewalt zum Schulbesuch gezwungen werden können. Dies wäre aber gemäß § 1631 BGB nicht zulässig gewesen.

Eine psychotherapeutische Begutachtung bescheinigte dem Mädchen eine hohe Wahrscheinlichkeit für die Diagnosen Dyskalkulie (Beeinträchtigung von Rechenfertigkeiten), Lese-Rechtschreib-Störung und Aufmerksamkeitsstörung (ADS). Aufgrund der intellektuellen Leistungsfähigkeit (IQ 110) würde der Besuch einer Sonderschule für das Mädchen nicht in Betracht kommen, eine Individualförderung wäre zu empfehlen.

Diese spezielle Förderung habe die Schule jedoch nicht leisten können. Sie hätten sich als Eltern mit Schreiben an sechs weitere Schulen in Jena und Umgebung gewandt und zweimal eine Antwort erhalten, leider in Form einer Absage.

Der Vater kam in seinen Ausführungen zu dem Schluß, er habe alles getan, um die Teilnahme seiner Tochter am Schulunterricht zu fördern und zu ermöglichen. Trotz seiner intensiven Kommunikation mit diversen staatlichen Stellen sei ihm keine Hilfe zuteil geworden, wie er eine Teilnahme seiner Tochter am Unterricht hätte herbei führen können. Er beantragte, das Verfahren gegen ihn einzustellen.

Die Richterin bezog sich auf eine amtsärztliche Untersuchung vom 14. November 2016: Es hätten sich keine Befunde ergeben, die einem Schulbesuch entgegen stünden. Demnach sei Herr Dr. B. als sorgeberechtigter Elternteil verpflichtet gewesen, für die Erfüllung der Schulpflicht seiner Tochter zu sorgen.

Das Gericht verhängte wegen vorsätzlich begangener Ordnungswidrigkeit eine Geldstrafe in Höhe von 500 Euro.

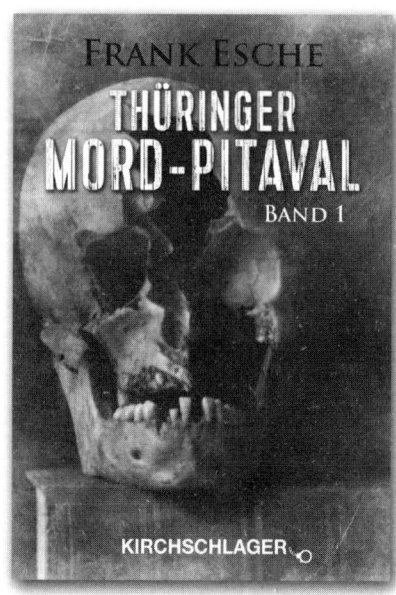

Frank Esche
»Thüringer Mord-Pitaval«
Band I

Taschenbuch, 280 Seiten,
zahlreiche s/w Abbildungen,
ISBN 978-3-934277-65-6,
Preis: 12,95 Euro

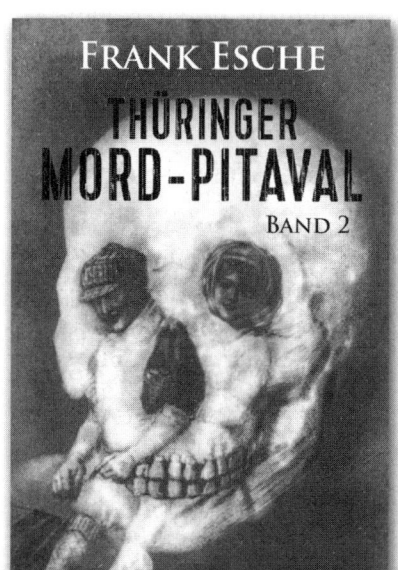

Frank Esche
»Thüringer Mord-Pitaval«
Band II

Taschenbuch, 280 Seiten,
zahlreiche s/w Abbildungen,
ISBN 978-3-934277-69-4,
Preis: 12,95 Euro

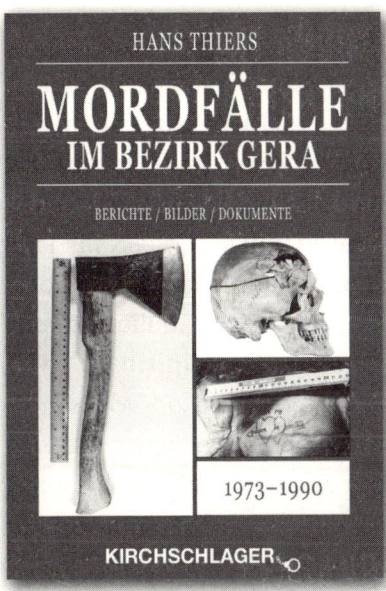

**Hans Thiers
»Mordfälle im Bezirk
Gera«
Berichte / Bilder /
Dokumente (1973–1990)
Mit einem Vorwort von
Michael Kirchschlager**

*Hardcover, Fadenheftung,
Leseband, 289 Seiten,
zahlreiche s/w Abbildungen,
ISBN 978-3-934277-47-2,
Preis: 18,95 Euro*

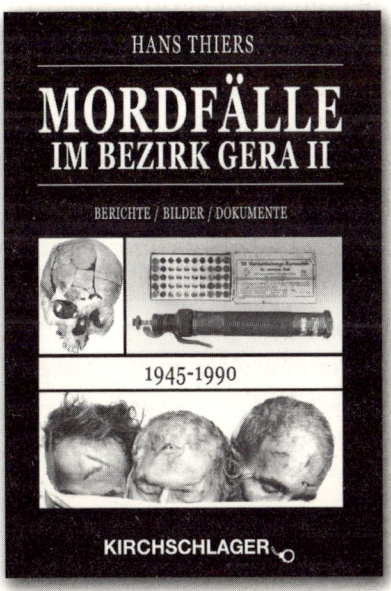

**Hans Thiers
»Mordfälle im Bezirk
Gera II«
Berichte / Bilder /
Dokumente (1945–1990)
Mit einem Vorwort von
Remo Koll**

*Hardcover, Fadenheftung,
Leseband, 288 Seiten,
zahlreiche s/w Abbildungen,
ISBN 978-3-934277-56-4,
Preis: 18,95 Euro*

Udo Brill
DAS SKELETT
AM STRASSENRAND

Mord- und Kriminalfälle
aus Eisenach und dem Wartburgkreis

KIRCHSCHLAGER

Udo Brill
»Das Skelett am Straßenrand«

*Kriminalhauptkommissar i. R. Udo Brill konfrontiert seine Leserschaft
mit grauenvollen Straftaten wie Kindsmord, Mord, Totschlag oder
Vergewaltigung. Aber auch Suizide, Unfälle und Brandfälle gehörten
während seiner Dienstzeit zum Alltag der Eisenacher Kripo.
Spannend, kurzweilig und detailliert beschreibt er Tatorte und deren
Dokumentation durch die Kriminaltechnik.*

*Taschenbuch, 188 Seiten,
zahlreiche s/w Abbildungen,
ISBN 978-3-934277-78-6, Preis: 10,95 Euro*

Kerstin Kämmerer
»Ich töte, was ich liebe«

*Die Erste Kriminalhauptkommissarin a. D. Kerstin Kämmerer war viele
Jahre Kriminalistin in Weimar und Erfurt. Sie ermittelte u. a. in Fällen
von Sexualstraftaten, Tötungsdelikten sowie Prostitution und brutaler
Gewalt. Zuletzt leitete sie die Soko »Altfälle« und arbeitete gemeinsam
mit ihren Kollegen erfolgreich an der Aufklärung ungeklärter Tötungs-
verbrechen an Kindern. In ihrem Buch rekonstruiert sie Tathergänge
und taucht tief in das Seelenleben von Tätern und Opfern ein.*

*Hardcover, Fadenheftung, 212 Seiten,
ISBN 978-3-934277-82-3, Preis: 16,95 Euro*

IMPRESSUM

Alte Rechtschreibung
1. Auflage Arnstadt 2019
© für diese Ausgabe 2019 beim Verlag
Kirchschlager, Arnstadt
Umschlaggestaltung: Ute Schmidt, Geraberg
Titelfoto: Udo Pein, Gera
Fotos: Michael Kirchschlager
Satz und Layout: Ute Schmidt, Geraberg
Druck und Bindung: PBtisk s. r. o., Příbram
Alle Rechte vorbehalten

ISBN 978-3-934277-81-6